PASSOS DA SEMIÓTICA TENSIVA

Luiz Tatit

PASSOS DA SEMIÓTICA TENSIVA

Copyright © 2019 by Luiz Tatit

Direitos reservados e protegidos pela Lei 9.610 de 19 de fevereiro de 1998.
É proibida a reprodução total ou parcial sem autorização, por escrito, da editora.

Dados Internacionais de Catalogação na Publicação (CIP)
(Câmara Brasileira do Livro, SP, Brasil)

Tatit, Luiz
    Passos da Semiótica Tensiva / Luiz Tatit. – Cotia, SP:
Ateliê Editorial, 2019.

ISBN: 978-85-7480-844-4
Bibliografia.

1. Análise do discurso 2. Linguística 3. Modalidade
(Linguística) 4. Semiótica I. Título.

19-30893   CDD-401.4

Índices para catálogo sistemático:
1. Semiótica tensiva: Linguagem e comunicação:
Linguística   401.4

Maria Alice Ferreira – Bibliotecária – CRB-8/7964

Direitos reservados à
ATELIÊ EDITORIAL
Estrada da Aldeia de Carapicuíba, 897
06709-300 – Granja Viana – Cotia – SP
Tel.: (11) 4702-5915
www.atelie.com.br | contato@atelie.com.br
facebook.com/atelieeditorial | blog.atelie.com.br

2019

Printed in Brazil
Foi feito o depósito legal

Este trabalho foi realizado com bolsa de Produtividade em Pesquisa concedida pelo CNPq.

SUMÁRIO

Introdução... 11
1. Narrativas e Acontecimentos..................... 25
2. A Questão da Intensidade na Teoria Greimasiana........ 37
3. Bases do Pensamento Tensivo...................... 61
4. Claude Zilberberg e a Prosodização da Semiótica........ 89
5. Retorno e em Torno do Plano da Expressão........... 117
6. O Acento Semiótico.............................. 141
7. O Modo de Ser da Linguagem Verbal................ 163
8. O Reflexo do Paradoxo em "O Espelho".............. 173
9. O Mundo da Canção.............................. 195
10. A Arte de Compor Canções........................ 207
11. Muito Menos e Muito Mais: Análise de "Nome"
    (Arnaldo Antunes)............................... 223
Conclusão... 237
Referências Bibliográficas............................ 245
Sobre o Autor....................................... 249

INTRODUÇÃO

SEMIOTIZAÇÃO OU GRAMATICALIZAÇÃO

O propósito fundamental destas páginas é apresentar uma leitura particular da evolução do pensamento semiótico inaugurado há mais de meio século por Algirdas Julien Greimas. Trata-se, na verdade, de uma leitura da leitura elaborada pelo autor francês Claude Zilberberg desde o início da década de 1980 até o ano de 2012.

Este pesquisador conseguiu encontrar as pistas de um novo caminho para a semiótica, mais afeito aos fenômenos sensíveis e imprevisíveis que se apresentam nos processos de significação, não apenas se valendo das intuições de poetas e artistas interessados pelo tema (Charles Baudelaire, Paul Valéry etc.), mas principalmente de uma interpretação mais profunda de certos teóricos fundadores do pensamento estrutural na linguística e na antropologia, como Ferdinand de Saussure, Louis Hjelmslev e Claude Lévi-Strauss. Aliás, foi do cotejo sistemático do criador da semiótica com esses precursores e artistas que nasceu o "Greimas de Zilberberg", ou seja, o teórico capaz de escrever um dicionário analítico de definições precisas e orgânicas, enquanto medita sobre o papel da *imperfeição* na construção do sentido.

Era de se esperar que, aficionado da poesia, da arte surpreendente e dos acontecimentos inopinados, Zilberberg renegasse os caminhos metodológicos propostos pela semiótica, essa suposta ciência da significação, e saísse em busca do que parecia ser mais compatível com as indagações solitárias dos próprios poetas ou dos ensaístas que os tomavam como objeto de estudo. Poderia ter sido, por exemplo, um seguidor bem sucedido de Roland Barthes em sua fase derradeira e teria, assim, evitado a conotação "regressiva" que a intelectualidade francesa atribuiu ao pensamento estrutural a partir de maio de 1968.

No entanto, Zilberberg foi um assíduo frequentador dos seminários coordenados por Greimas e participante ativo do grupo de pesquisas sêmio-linguísticas da Escola de Altos Estudos em Ciências Sociais, no interior do qual delineou os princípios que vieram a nortear a então nascente "semiótica tensiva". O teor dessa expressão poderia nos conduzir, num primeiro momento, à antítese frontal do famoso título que marcou o início da semiótica na França: *Semântica Estrutural*[1]. As oscilações e gradações sugeridas pela ideia de tensividade pareciam incompatíveis com as oposições e semelhanças equacionadas em estruturas no livro inaugural. Mas verificamos em seguida que o projeto do semioticista francês era exatamente este: procurar o ritmo, o tempo, o afeto, o acento e demais concepções tensivas no âmago da própria estrutura. Para tanto, mobilizou outras frentes de compreensão

---

1. Algirdas Julian Greimas, *Semântica Estrutural*, São Paulo, Cultrix, 1973 [1966].

INTRODUÇÃO

das obras do mais importante trio (Saussure, Hjelmslev e Greimas) que deu origem à semiótica, além de integrar a esse pequeno contingente alguns filósofos (Gaston Bachelard, Ernst Cassirer etc.), poetas-pensadores, como Paul Valéry, e até um historiador das Artes, como Heirich Wölfflin, por já ter examinado com critérios tensivos a evolução da pintura ocidental.

O especial interesse de Greimas pela *espera* que, como tal, organiza as etapas narrativas do discurso contrasta com a atenção dispensada por Zilberberg à *surpresa*, cujo caráter imprevisível tende a subverter a ordem lógica do sentido. O autor lituano construiu sua teoria orientando-se em boa medida pelas conexões actanciais traçadas inicialmente por Vladimir Propp e descrevendo prosas bem encadeadas como a de Guy de Maupassant, enquanto o pesquisador francês adotava os ensinamentos do mestre, mas sempre confrontando-os com os aforismos de Valéry e aplicando-os em textos poéticos caracterizados por linguagem pouco linear e plena de significações simultâneas e velozes, como o famoso poema "Larme", de Arthur Rimbaud[2].

Contudo, por caminhos aparentemente antagônicos, ambos os semioticistas dispuseram-se a compreender (e explicar) os mecanismos pelos quais o ser humano produz significação, uma vez que o resultado dessa produção é uma evidência inquestionável com a qual convivemos durante toda a vida. Tais mecanismos devem constituir para eles um inventário finito de categorias, relacionadas entre si do ponto de vista morfológico e sintáxico, destinado a representar a forma do sentido. Todo esse processo define o que Greimas entende por *semiotização* dos fenômenos ou dos próprios conceitos. Embora Zilberberg também tenha adotado esse termo

2. Claude Zilberberg, *Razão e Poética do Sentido*, pp. 197-277.

em seus trabalhos analíticos, aos poucos foi substituindo-o pela ideia de *gramaticalização*, por lhe parecer mais próxima da noção de estrutura em sua acepção dinamarquesa. Assim como o pensador lituano se propôs a semiotizar as chamadas figuras passionais (a cólera, a avareza, a vingança etc.), o semioticista francês se empenhou em gramaticalizar nossas vivências e emoções, não vendo qualquer paradoxo na expressão "gramática do afeto"[3].

SEMIÓTICA E METODOLOGIA

Ao chegarmos a esse ponto, contudo, é preciso repensar a semiótica greimasiana em sua busca inicial de metodologia descritiva, não apenas para empreender as suas próprias aplicações em textos de toda natureza, mas também para dar apoio às análises de outras ciências sociais. Filiado à forte perspectiva estrutural que reinava na França na passagem da década de 1950 para a de 1960 e, nessa linha, acreditando na viabilidade de se fazer ciência ou ao menos um "projeto de ciência" na área das Humanidades, Greimas gostava de frisar a "vocação metodológica" de sua teoria juntamente com a necessidade de dissociá-la das interpretações subjetivas que então prevaleciam nos estudos sobre o sentido.

Os dois capítulos iniciais deste volume ("Narrativas e Acontecimentos" e "A Questão da Intensidade na Teoria Greimasiana") ressaltam esse compromisso de Greimas com a "pesquisa de método" e sua inclinação cada vez mais nítida para o pensamento narratológico com ênfase no "projeto, realização e destino" do sujeito que, em última instância, deseja persistir no seu ser, ou

---

3. Claude Zilberberg, *Elementos de Semiótica Tensiva*, p. 12.

INTRODUÇÃO

seja, alcançar a si próprio. Valoriza-se então a noção de *identidade* entre sujeito e objeto, considerando esse último como parte integrante do ser do sujeito. Em outras palavras, para o fundador da semiótica, o sujeito mantém-se em conjunção com o objeto, mas nem sempre de maneira contígua. Um dos principais papéis da narrativa é converter uma conjunção à distância (figurativizada como "esperança", "saudade", "desejo" etc.) em conjunção plena. A identidade manifesta-se igualmente no conceito de *contrato* entre destinador e destinatário. Tanto a persuasão (fazer crer) como a manipulação (fazer fazer) promovem o consenso (a identidade de opiniões) entre os actantes que vão desencadear a narrativa. Todas essas manobras semióticas convergem para a *espera* de que a conjunção à distância se torne contígua.

O foco na espera, na identidade e no contrato não chega a eliminar do modelo teórico os embates com a surpresa, as alteridades (as relações polêmicas) e os estados extremos (carência e excesso), mas certamente diminui o impacto desses últimos no cerne da teoria, uma vez que os fenômenos e as grandezas acabam sendo reformulados pela análise numa ótica implicativa que tende a neutralizar suas eventuais intensidades de cunho emotivo. Se tal enfoque contribui para a estabilização do método de análise, não se pode dizer o mesmo quando se trata de conhecer melhor os matizes sutis do sentido. O sujeito procura a si mesmo, mas também procura o não-ser que há em si, ou seja, por vezes ele se afasta da busca narcísica e se mostra atraído pelo que não foi no passado nem será no futuro, atraído pela própria diferença, pelo outro, a ponto de o inserir em seu programa de vida. É nessa linha de pensamento que ganha importância o estudo dos acontecimentos inesperados e, por conseguinte, a formulação de uma gramática para abordá-los. Surge, então, ao lado da gramática implicativa, uma gramática concessiva voltada aos fenômenos considerados inexistentes..., embora aconteçam!

PROSODIZAÇÃO EPISTEMOLÓGICA

Dedicamos, então, o terceiro e o quarto capítulos aos princípios que norteiam a obra de Claude Zilberberg, semioticista que trouxe a música, a intensidade, a temporalidade e os afetos para o centro da teoria, num diálogo permanente com os fundamentos estruturais.

Em "Bases do Pensamento Tensivo", mostramos como o autor francês, entusiasta das relações entre razão e poética, empenhou-se em construir uma "prosodização do conteúdo", atividade que pode ser resumida no contraponto da semiotização fundada por Algirdas Julien Greimas com a temporalização praticada por Paul Valéry, com a ideia de acentuação adotada por Ernst Cassirer e ainda com a musicalização encontrada em Gisèle Brelet. O que está em jogo, no fundo, é a possibilidade de o funcionamento prosódico das línguas naturais com seus acentos e modulações, ascendentes e descendentes, oferecer um modelo eficaz para se compreender também os aumentos e diminuições típicos das apreciações que realizamos do sentido abstrato. Assim como nossas entoações direcionam-se a um ápice quando em movimento de elevação (a chamada "prótase"), e podem ser formadas tanto por um como por diversos segmentos melódicos intermediários, nossas avaliações sobre os conteúdos também podem evoluir do "demasiadamente pouco" ao "demasiadamente muito", passando pelo "menos pouco", "suficiente", "mais que suficiente", "muito" etc., até o ponto em que toda evolução tende a decrescer. O paralelismo então se mantém. Assim como temos as curvas melódicas descendentes formando a "apódose" da frase ou do discurso, os dados excessivos ou as avaliações exorbitantes podem sofrer atenuações, gradativas ou bruscas, na sua trajetória do "demasiadamente muito" ao "demasiadamente pouco". Trata-se, portanto, de uma proposta de isomorfismo entre plano da expressão e plano do conteúdo que tende a modificar aspectos importantes da epistemologia semiótica.

Mas há outros fios teóricos que ajudam Zilberberg a tecer sua prosodização do conteúdo. Um deles brota do âmago da semiótica que se praticava no início dos anos 1990 e que pode ser sintetizado na noção de foria. O papel deste conceito, acolhido com discrição pelos semioticistas metodológicos da época, agigantou-se nos textos de implantação do enfoque tensivo. Em vez de apenas valorizar como positivos (eufóricos) ou negativos (disfóricos), do ponto de vista individual ou comunitário, os conteúdos analisados, a foria passou a ser tratada como força central de mobilização das variáveis aspectuais que, a rigor, antecedem as categorias narrativas propostas por Greimas. No capítulo "Claude Zilberberg e a Prosodização da Semiótica", demonstramos que para formalizar as categorias contínuas decorrentes da durativitade, bem como as categorias descontínuas oriundas da incoatividade e da terminatividade, o autor francês apostou suas fichas na criação de uma instância *missiva* que pudesse explicar, aspectualmente, a relação entre o fluxo contínuo de uma narrativa (o que liga, por exemplo, o destinador ao destinatário ou o sujeito ao objeto) e seu contrafluxo descontínuo, associado em geral à presença do antissujeito. Esse último caso, identificado com a parada narrativa, foi concebi-

17

do como *remissivo*, enquanto o primeiro, na medida em que retoma o fluxo e, portanto, "para a parada", foi definido como *emissivo*. Embora não tenha prosperado na arquitetura geral da teoria tensiva elaborada pelo autor, a proposta missiva tem tudo para ser retomada oportunamente.

Outro importante fio teórico que esclarece o viés prosódico e o mantém intacto tanto no plano da expressão como do conteúdo é o da *silabação* saussuriana. Explicamos então, ainda nesse capítulo, como Zilberberg baseia suas noções aspectuais nas poucas páginas que Saussure dedica ao "fonema na cadeia falada"[4]. O movimento silábico que alterna *implosão* (ápice da abertura vocálica que tende ao fechamento consonantal) e *explosão* (ápice do fechamento consonantal que tende à abertura vocálica) perfaz nesse microcosmo do plano da expressão a alternância que reconhecemos no plano do conteúdo como *assomo* (impacto máximo do acontecimento que tende a se dissolver nas explicações discursivas) e *resolução* (dominância do processo narrativo gerador da espera, esse terreno fértil para o surgimento de novos acontecimentos imprevisíveis). É nesse vigor silábico, existente em todas as línguas, para crescer em direção à abertura sonora e decrescer em direção ao seu fechamento, que o semioticista francês se inspira quando propõe como "sílabas intensivas"[5], ou incrementos, as partículas *mais* e *menos*, em todas as suas combinações, como dispositivos para medir as ascendências e descendências que definem as direções quantitativas assumidas por nossas avaliações diárias.

---

4. Ferdinand de Saussure, *Curso de Linguística Geral*, pp. 62-76.
5. Claude Zilberberg, *La structure tensive*, p. 66.

INTRODUÇÃO

PLANO DA EXPRESSÃO

Fiel à máxima hjelmsleviana de que um bom modelo descritivo traria critérios conceituais semelhantes para a análise do plano da expressão e do plano do conteúdo, mas, ao mesmo tempo, atento às especificidades de cada um, Zilberberg viu no conceito amplificado de prosódia a possibilidade de reconhecer as variações de intensidade que dinamizam naturalmente o plano da expressão da nossa língua natural e de associá-las às quantificações subjetivas que operamos diuturnamente para organizar nosso mundo sensível e afetivo. Além dos elementos prosódicos, o semioticista ressaltou no plano da expressão os aspectos silábicos já vistos e o ritmo produzido por um amplo processo de acentuação (abordado no sexto capítulo), deixando de lado as tradicionais dimensões, fonológica e fonética, exploradas pela linguística. Mais que isso, o autor desprezou a própria ideia de materialização da linguagem que, durante muito tempo, caracterizou a teoria dinamarquesa, em seu conceito de substância da expressão, e mesmo o pensamento saussuriano, em suas indagações sobre o papel do significante. Trata-se de um ponto controverso da teoria tensiva que precisa ser reavaliado à luz dos estudos plenamente consagrados das línguas naturais, mas também dos modelos que tentaram identificar o tratamento poético especial reservado ao plano da expressão da linguagem no caso das produções artísticas. Tentamos recuperar essas conquistas no capítulo "Retorno e Em Torno do Plano da Expressão" e, em última análise, pôr em dúvida a associação conceitual lançada por Zilberberg entre plano da expressão e variável "manifestante", no sentido glossemático do termo. Em outras palavras, tentamos preservar o caráter sensorial que atribui ao plano da expressão uma dimensão positiva (material) e não apenas opositiva em relação ao plano do conteúdo. Essa visão parece-nos menos confusa e mais operacional do ponto de vista metodológico.

Controvérsias à parte, é do plano da expressão que Zilberberg extrai a prosodização como parâmetro epistemológico para a análise do sentido em ambos os planos da linguagem. Sua categoria central é o *acento*, núcleo do "ponto vocálico" (implosão) saussuriano e também da noção de "presença" no conteúdo. É pelo acento que se identifica o aumento da pertinência de um conceito, do impacto de uma pergunta, dos pontos essenciais de um texto e de tudo que (quase) invisibiliza os demais elementos ao redor. É pelo acento, ainda, e por sua afirmação diante do inacento, que se mobilizam as direções tensivas depreendidas pela análise. Esse é o tema do capítulo "O Acento Semiótico".

APLICAÇÕES

Uma vez assentados esses principais tópicos da teoria tensiva, passamos para algumas reflexões sobre o sentido na linguagem verbal, na literatura e na canção.

No primeiro caso, em "O Modo de Ser da Linguagem", tecemos considerações sobre o funcionamento natural (e saudável) dos nossos discursos cotidianos, sempre oscilando entre formas concentradas por denominações e formas expandidas por frases ou dimensões maiores (parágrafos, capítulos etc.). Embora nunca seja plenamente bem-sucedida, a busca de equivalência para essas unidades de extensão desigual põe em prática um processo espontâneo de tratamento do sentido, pelo qual certos traços semânticos vão sendo ora retirados, ora polidos, com o intuito de compensar a citada desigualdade existente entre o conceito e sua

INTRODUÇÃO

definição. A própria linguagem em seu uso diário encarrega-se, portanto, de regular as acepções das palavras de acordo com as linhas isotópicas mais longas que lhes servem de apoio. É por isso, aliás, que as intervenções extralinguísticas (anuências ou censuras, por exemplo) mostram-se em geral inócuas quando não acompanham o funcionamento habitual das línguas naturais.

No segundo caso, a análise de "O Espelho", conto do literato e quase semioticista João Guimarães Rosa, reúne subsídios para explicar a importância do pensamento concessivo (ou paradoxal) na obra e nesse conto em particular do escritor mineiro, tendo como pano de fundo a ideia de que por mais que nos dediquemos à melhor compreensão do mundo, sempre teremos de lidar com os fatos, os quais, por serem intrinsecamente misteriosos, parecem zombar da inépcia humana. Mesmo com esse ponto de partida, o narrador da novela, emulando um rigoroso cientista experimental, mobiliza diversos temas caros à semiótica, como a hipótese da existência de um ser por trás do parecer, a natureza transcendente do actante destinador e, acima de tudo, a meticulosa oscilação entre fenômenos de mistura ("capas de ilusão" ou "máscaras fisionômicas", em G. Rosa) e suas abstrações e triagens absolutas (eliminação das máscaras), elaboradas pelo protagonista definido como um "perquiridor imparcial".

Para completar, consagramos os três capítulos finais à abordagem da canção pela semiótica tensiva[6]. Pudemos assim confirmar o imenso papel que a teoria atual atribui aos esquemas prosódicos, estudados tradicionalmente no plano da expressão. Já falamos do projeto epistemológico central de Zilberberg que, no fundo, importa, não só da retórica tropológica mas também

6. Aplicação esta já iniciada ao final do sexto capítulo ("O Acento Semiótico").

das noções acentuais de Gaston Bachelard e Ernst Cassirer, os critérios para se estabelecer uma "prosodização do conteúdo". Nesse caso, é da prosódia, com suas modulações ascendentes (em direção ao acento) e descendentes (em direção ao inacento), que advém a inspiração para a proposta de conceitos abstratos, tais como aumento e diminuição da intensidade, tanto nas oscilações de tonicidade propriamente dita (tônica / átona), quanto nas oscilações de andamento (rápido / lento).

Mas há também, ao lado da "prosódia epistemológica", a prosódia no sentido de valor resultante do encontro da melodia com a letra no âmbito da canção. Toda vez que a melodia recebe uma letra transforma-se num modo de dizer específico: suas frases musicais tornam-se também unidades entoativas, semelhantes (nunca idênticas) às que acompanham nosso discurso oral cotidiano. Esses contornos melódicos, ainda que estabilizados em suas alturas e durações por recursos musicais, apresentam oscilações prosódicas reconhecíveis pelos ouvidos treinados dos falantes nativos ou mesmo por representantes de outras comunidades aparentadas. É nesse aspecto que os versos de uma letra diferem claramente dos versos de um poema, mesmo que, em certos casos, mantenham algumas interseções entre as linguagens. Os versos da letra precisam se adequar, antes de tudo, às frases melódicas sugeridas pelo compositor, atribuindo-lhes valores prosódicos (afirmativos, indagativos, emotivos, hesitantes etc.) essenciais para configurar o seu poder persuasivo dentro da canção. Tratamos dessa dimensão prosódica nos capítulos "O Mundo da Canção" e "A Arte de Compor Canções".

O último capítulo, "Muito Menos e Muito Mais: Análise de 'Nome'", é uma análise justamente do módulo "Nome", que intitulou o projeto geral, contendo canções, poemas e vídeos, lan-

INTRODUÇÃO

çado por Arnaldo Antunes em 1993. Essa obra, nos três formatos, articula os pontos extremos das direções tensivas (ascendentes e descendentes), formuladas por Zilberberg, sem estabelecer passagens gradativas de um polo a outro. Trata-se de caso raro no qual impera a supervelocidade ou, se preferirmos, a simultaneidade de ambos os pontos extremos (*só mais* e *só menos*), desprestigiando a moderação típica dos movimentos intermediários. Faz palpitar em nossa mente a pergunta valeriana, sempre atual, sobre o valor dos fins diante da duração dos meios.

✶ ✶ ✶

Há versões dos capítulos desse trabalho já publicadas, ou prestes a sair, em periódicos especializados, obras coletivas ou revistas eletrônicas:

1. "Narrativas e Acontecimentos" fez parte de um texto maior, intitulado "Potencialidades de la narrativa greimasiana", em colaboração com Waldir Beividas. Foi publicado em versão espanhola na revista de semiótica *Tópicos del Seminario*, 37, 2017, e, em versão portuguesa, na revista *Estudos Semióticos*, n. 14, 2018.
2. "A Questão da Intensidade na Teoria Greimasiana" saiu na versão francesa ("La Question de l'Intensité dans la Théorie Greimassienne"), *Semiotica: Journal of the International Association for Semiotic Studies*, 2017.
3. "Bases do Pensamento Tensivo" saiu em *Estudos Semióticos*, n. 15, 2019.
4. "Claude Zilberberg e a Prosodização da Semiótica" integrou a obra *Em Torno do Acontecimento – Uma Homenagem a Claude Zilberberg*, organizada por Conrado Moreira Mendes e Gláucia Muniz Proença, 2016. Deve sair ainda nos *Actes sémiotiques*, n. 123, 2020.
5. "Retorno e em Torno do Plano da Expressão" fez parte do livro *Estudos Semióticos do Plano da Expressão*, organizado por Ivã Carlos Lopes e Paula Martins de Souza, 2018.

6. "O Acento Semiótico" deve sair em *Questões do Plano da Expressão*, obra organizada por Renata Mancini e Regina Gomes.
7. "O Modo de Ser da Linguagem" saiu em *Calibán, Revista Latinoamericana de Psicoanálisis*, vol. 16, n. 2, FEPAL, 2018.
8. "O Reflexo do Paradoxo em 'O Espelho'" deve sair no livro *Explorando os Entremeios: Cultura e Comunicação na Literatura de João Guimarães Rosa*, organizado por Sebastian Thies e Kim Tiveron da Costa.
9. "O mundo da canção" deve sair na obra comemorativa intitulada *Unimúsica*, organizada por Lígia Antonela Petrucci, UFRGS.
10. "A Arte de Compor Canções" saiu em *Revista USP*, n. 111, 2016.
11. "Muito Menos e Muito Mais: Análise de 'Nome' (Arnaldo Antunes)" teve versões reduzidas publicadas em *Todas as Letras: Revista de Língua e Literatura*, vol. 9, n. 1, 2007, e em *Graphos: Revista da Pós-Graduação em Letras* UFPB, 2008/2009.

1. NARRATIVAS E ACONTECIMENTOS

NARRATOLOGIA

Se o tema do acontecimento ressurge na semiótica de hoje como a principal indicação da imprevisibilidade narrativa, já houve tempo em que Greimas o concebia como uma "mensagem-espetáculo", portadora de categorias modais e funções actanciais cuja estruturação garantia uma forma invariável para todos os "microuniversos semânticos". Mais que isso, o autor lituano via nas organizações subjacentes ao "espetáculo do acontecimento" a possibilidade de construção de uma verdadeira epistemologia linguística, dado que vêm delas as condições para o nosso conhecimento do mundo[1].

O acontecimento era então tratado como qualquer outra mensagem passível de ordenação narrativa. A novidade estava em inaugurar um ponto de vista semiótico para a compreensão do

1. Algirdas Julien Greimas, *Semântica Estrutural*, p. 174.

sentido que, embora fundado em princípios linguísticos, não se restringisse às dimensões frasais nem mesmo às análises de textos verbais. Depois de definir os actantes como classes de sememas, numa visão claramente taxonômica, Greimas dedicava-se cada vez mais ao estudo das operações sintáxicas que dão unidade aos textos. Deixava de lado os semas, sememas e classemas, que acusavam a origem linguística do seu pensamento, em favor das categorias actanciais e modais, bem mais úteis para esclarecer a "inteligência sintagmática" que se manifesta tanto nas linguagens verbais como nas não-verbais e que, em última instância, rege o imaginário humano. Procurava, no fundo, os sinais de competência narrativa que estavam presentes, às vezes de maneira camuflada, na maioria dos textos examinados. Foi na "morfologia" dos tradicionais contos russos, lançada por Vladimir Propp em 1928, que o idealizador da obra *Semântica Estrutural* se inspirou para propor sua sintaxe discursiva. Começou, como se sabe, pelo estudo das duas principais ordens sintagmáticas: uma de natureza teleológica (sujeito → objeto) e outra de natureza etiológica (destinador → destinatário)[2].

Anos depois, a primeira ordem sintagmática deu origem a uma ampla semiótica da ação (*fazer*) que compreendia não apenas a direção inexorável que leva o sujeito ao seu objeto, mas também as interrupções de percurso provocadas pela atuação de um oponente ou de um antissujeito, como se diz atualmente, tudo isso explicando as conquistas e perdas envolvidas na importante noção de "progresso narrativo"[3]. Da segunda ordem sintagmática surgiu uma semiótica da comunicação *lato sensu* que, muito rapi-

---

2. *Idem*, p. 176.
3. Algirdas Julien Greimas e Joseph Courtés, *Dicionário de Semiótica*, p. 334.

damente, se converteu em semiótica da manipulação (*fazer fazer*) ou da persuasão (*fazer crer*). Fazem parte desta última os acordos que definem as chamadas relações contratuais, mas igualmente as divergências que caracterizam as relações polêmicas. Só no primeiro caso podemos falar de compromisso entre destinador e destinatário. No segundo, teremos disputa entre dois sujeitos da comunicação que pode gerar, nesse ato, um programa narrativo em confronto com seu antiprograma.

Essa "narratividade generalizada"[4] repercutiu até no processo de enunciação que Greimas reservara ao nível discursivo do modelo semiótico. Afinal, todo enunciador é, por definição, um destinador que pretende persuadir seu enunciatário (ou destinatário) e com ele celebrar um contrato veridictório (baseado num consenso cognitivo) ou, ao menos, fiduciário (baseado numa relação de confiança). Ao perceber que a narrativa poderia dar conta do enunciado e da enunciação, o semioticista não teve mais dúvida sobre o valor gramatical desse conceito para a descrição transfrasal e, no limite, para a descrição do sentido em geral por meio de noções como transitividade, transformação, estado, modalização, argumentação, avaliação etc., todas prevendo descontinuidades no decorrer de uma evolução contínua. Não se tratava mais de encontrar parâmetros regulares para a análise de fábulas ou outras literaturas seminais, mas de uma descoberta metodológica que, com as devidas adequações, poderia ser aplicada em qualquer gênero de descrição, mesmo que seus objetos não trouxessem as figuras típicas da linguagem verbal e do mundo natural. Uma tela abstrata, por exemplo, embora dispense a configuração de personagens ou mesmo de funções actanciais,

---

4. *Idem*, p. 330.

dificilmente deixará de apresentar estados e transformações no domínio de suas cores, volumes ou contornos. Uma sinfonia, por sua vez, propõe formas de evolução sonora em permanente conflito com os contracantos ou com as mudanças de ritmo e andamento até recuperar sua identidade inicial já incorporando os efeitos antagonistas que ameaçaram seu movimento progressivo. Todos esses são sintomas da presença narrativa em sistemas não-verbais.

Greimas adotou a gramática narrativa – e seus sucessivos rearranjos conceituais – como núcleo essencial e profundo do seu projeto científico de compreensão do sentido. Os estudos semióticos começavam e terminavam então com um bom domínio da teoria narrativa, de tal maneira que os autores que adotavam outras linhas de pesquisa, tanto nesse campo como em áreas paralelas, referiam-se (e referem-se ainda) a essa ciência como "semiótica narratológica".

O próprio quadrado semiótico, tão associado ao pensamento greimasiano desde a década de 1970, era uma representação sumária do esquema narrativo, enfatizando os tópicos principais de seus estados e transformações. Essa narratividade plena era o que dava uma forma previamente articulada aos conteúdos imanentes a serem descritos.

O ingresso das modalidades, em especial as representadas pelos verbos *querer*, *dever*, *poder* e *saber*, no seio das operações actanciais, como agentes capazes de modificar o *ser* do sujeito ou mesmo sua relação com o *fazer* narrativo, foi uma primeira demonstração de que o semioticista poderia também abarcar a dimensão subjetiva dos textos, desde que contasse com dispositivos técnicos (linguageiros) para tanto. A modalização dos actantes bem como as sobremodalizações decorrentes (como no caso do sujeito que *sabe fazer* o outro *querer fazer*) abriram uma possibilidade concreta para esse gênero de estudo, sobrepondo à sintaxe actancial um projeto de sintaxe modal bastante promissor.

FORIA

A investigação das modalidades pôde ser desenvolvida sem maior dificuldade no interior da teoria narrativa. O que acabou pondo em xeque a abrangência da narratividade foi uma categoria a princípio secundária, concebida para classificar a relação afetiva do sujeito (ou do ser humano) com os pontos extremos articulados no quadrado semiótico dentro de um microuniverso semântico: a categoria *tímica*. Sem se preocupar com sua motivação morfológica, Greimas articulou-a em euforia e disforia e lhe reservou a função de inserir o quadrado numa dimensão axiológica e/ou ideológica. Sua intenção era a de que esses semantismos sumários, transmitindo simples atração ou repulsa do sujeito por seus conteúdos básicos, pudessem assegurar os indícios mínimos da presença humana no modelo semiótico desde suas fases mais abstratas.

Mas não é raro na história das ciências e filosofias que noções criadas para ocupar um lugar de pouco destaque no quadro geral da teoria se agigantem e acabem provocando reformulações em toda a sua hierarquia conceitual. Foi o que ocorreu, no nosso entender, com a noção de timia, a começar por sua providencial substituição pelo termo *foria*, bem mais motivado para articular euforia e disforia.

Mesmo utilizando a expressão foria, os textos greimasianos não abandonaram a acepção original de *thymós*, traduzida como "disposição afetiva fundamental", uma vez que quase sempre se referia às situações de alta sensibilização do sujeito no interior de um quadro passional. É nessa linha de compreensão que foria aparece tanto em *Da Imperfeição*[5] como em *Semiótica das Paixões*[6], obra escrita em colaboração com Jacques Fontanille. Embora adotasse a nova noção, Greimas ainda se encontrava bastante vinculado ao valor semântico do conceito de timia.

Foi Claude Zilberberg quem enxergou desde o início o potencial sintáxico da noção de foria. A partir de sua acepção etimológica, "força para levar adiante", o semioticista francês tratou a foria não apenas como ímpeto sensível e passional, mas sobretudo como um processo tensivo que se desenvolve no plano do conteúdo com características semelhantes às evoluções prosódicas do plano da expressão. As informações concentradas (feitos heroicos, revoluções, impactos estéticos e acontecimentos de maneira geral), correspondentes aos acentos melódicos de nosso fluxo verbal, tenderiam à expansão ou resolução do seu sentido (explicações, ponderações, elaborações e desenvolvimentos de toda sorte), ou seja, aos elementos difusos que estariam associados às modulações entoativas da nossa prosódia cotidiana. Como já se pode prever, os elementos expandidos, em contrapartida, tenderiam à concentração tal como ocorre na progressão melódica de nossa fala, na qual as modulações se dirigem aos acentos. A euforia, nessas condições, acompanharia os fluxos e os desenvolvimentos, enquanto a disforia assinalaria a contração e o refluxo, sem que haja necessariamente uma correspondência semântica entre esses termos e os seus pontos de incidência na cadeia sintagmática. Em outras palavras, expandir o fluxo pode ou não significar "boa disposição de ânimo" (acepção comum de euforia), assim como a concentração, fe-

---

5. Algirdas Julien Greimas, *Da Imperfeição*.
6. Algirdas Julien Greimas e Jacques Fontanille, *Semiótica das Paixões*...

chamento ou interrupção do fluxo podem ou não caracterizar um sentimento de repulsa ou queda de ânimo (acepção de disforia). O que vale é o sentido sintáxico de ambos os conceitos (tendência à expansão ou tendência à concentração).

Com esse ponto de vista Zilberberg recupera a proposta hjelmsleviana de isomorfia entre os planos da linguagem, uma vez que acento e modulação passam a corresponder respectivamente a assomo e resolução, pois, de fato, no plano do conteúdo, os acontecimentos sobrevêm, mas imediatamente dão início a um processo de assimilação subjetiva que desfaz a surpresa e, ao mesmo tempo, expõe o sujeito a novos acontecimentos. O próprio autor dinamarquês, com sua instigante proposta de que as línguas naturais pulsam em componentes de contração (elementos intensos) e de expansão (elementos extensos), já havia sugerido um funcionamento isomórfico quando identificou os recursos acentuais com as concentrações nominais e, por outro lado, os recursos modulatórios com as difusões verbais[7].

SILABAÇÃO E DIREÇÃO TENSIVA

Na mesma linha de prosodização do conteúdo, Zilberberg retoma ainda o célebre modelo da silabação saussuriana[8]. Tanto o assomo produzido pelo sobrevir do acontecimento quanto as nominalizações e acentos de Hjelmslev, com suas tendências pontuais, perfazem o impacto terminativo da implosão silábica, enquanto a resolução, a verbalização e o movimento modulató-

---

[7]. Louis Hjelmslev, *Le language*, p. 145.
[8]. Ferdinand de Saussure, *Curso de Linguística Geral*, pp. 70-72.

rio, com suas tendências globalizantes, traduzem a recuperação sonora e a expansão conteudística previstas na explosão silábica.

Podemos dizer que o comportamento silábico da sonoridade traduz de modo minimalista o avanço fórico nos termos sintáxicos propostos por Zilberberg. Disforia e euforia, nesse caso, teriam muito mais a ver com as orientações implosiva e explosiva do que com seus respectivos semantismos. Assim, foria, para o autor, tem estatuto pré-narrativo, pré-modal e pré-discursivo. É uma espécie de matriz da aspectualidade e preenche as condições do conceito hjelmsleviano de *direção*, pois estende sua alternância rítmica (euforia/disforia) por todas as esferas do discurso. Como já dissemos, para o teórico dinamarquês, no campo da linguística, os morfemas de natureza verbal (tempo, aspecto, modo etc.), ao contrário dos de natureza nominal, caracterizam-se igualmente pelo poder de conduzir suas propriedades ao longo de toda a cadeia discursiva.

De fato, Zilberberg identifica as direções tensivas subjacentes aos dois movimentos narrativos canônicos: a direção descendente, responsável pela instalação da *falta*, e a direção ascendente, própria da sua liquidação. Em ambos os casos, o que está em jogo é a intensidade da competência modal e dos papéis desempenhados pelos actantes. No primeiro, a falta resulta de diminuições consecutivas (na verdade, decréscimos de *mais* e acréscimos de *menos*) e, no segundo, sua liquidação decorre de aumentos consecutivos (decréscimos de *menos* e acréscimos de *mais*). Essa visão retoma, em outras bases, o princípio de Claude Bremond que definia a narrativa como sucessão de degradações e de melhoramentos, mas também a interessante noção de *progresso narrativo* que, na semiótica greimasiana, representa o crescimento do ser semiótico à medida que acumula seus papéis actanciais ao longo da trajetória. Os incrementos, representados pelas grandezas *mais* e *menos*, foram introduzidos pelo autor de *Elementos de Semiótica Tensiva* como recurso de quantificação subjetiva (não numérica) para se aquilatar, entre outras coisas, o nível de progresso conquistado por um determinado agente narrativo[9]. Constituem ainda a resposta tensiva para o projeto de "cálculo" semiótico lançado por Greimas e Courtés em seu famoso dicionário: "[...] o esquema narrativo é canônico enquanto modelo de referência, em relação ao qual os desvios, as expansões, as localizações estratégicas podem ser calculadas"[10].

Hoje podemos confirmar que a direção ascendente concebida pela semiótica tensiva abrange as primeiras ordens sintagmáticas, etiológica e teleológica, estudadas por Greimas em sua célebre "pesquisa de método" publicada em 1966. A relação de acordo entre destinador e destinatário favorece a relação de conjunção entre sujeito e objeto, sendo que ambas respondem por uma progressão contínua de natureza eufórica, no sentido sintáxico do termo. Algo que, na evolução microcósmica saussuriana interpretada por Zilberberg, corresponde à explosão silábica e que, na semiótica narratológica, perfaz o itinerário completo de liquidação da falta. A direção descendente, quando não se resume à resolução ou explicação discursiva de um acontecimento, descreve o antiprograma narrativo em seus diversos formatos: recusa da manipulação, polemização e disjunção entre sujeito e objeto. Tudo que rompe a continuidade entre os actantes e diminui a competência modal pressuposta pelo *fazer* concorre para a inação e carência geral do sujeito, representações narrativas da trajetória degressiva, da involução ou da disforia. Do ponto de

---

9. Claude Zilberberg, *La structure tensiva*, p. 51.
10. Algirdas Julien Greimas e Joseph Courtés, *Dicionário de Semiótica*, p. 334.

vista tensivo, temos nesse caso cada vez *mais menos*, o que pode ser representado na silabação saussuriana como etapas pós-implosão (sonoridade máxima que só pode regredir). Não deixa de ser, por fim, o tipo de acontecimento (na acepção tensiva) mais cultivado pela teoria narrativa, ou seja, a falta[11].

Só pelos aspectos aqui relatados já podemos constatar que há considerável imbricação entre os conceitos narrativos e as noções hoje aplicadas pela semiótica tensiva. Mais do que isso, a proposta de Zilberberg apresenta-se como um ponto de vista no interior do mesmo projeto de busca metodológica empreendido por Greimas. Entretanto, observamos cada vez mais o abandono dos recursos narrativos nas análises tensivas concretas, como se os princípios greimasianos servissem apenas para descrever textos da literatura tradicional ou das manifestações folclóricas. O semioticista francês chega a afirmar que a sintaxe narrativa é caracterizada por sua "monotonia" descritiva (que o quadrado semiótico traduz na fórmula sumária "contradição → implicação"), fundada em previsibilidades que impedem o estudo dos fenômenos surpreendentes implicados na construção do sentido.

A questão de base está na maneira de conceber o acontecimento e na importância que lhe é atribuída no quadro geral da teoria. Greimas, como vimos, enxerga o acontecimento como uma mensagem organizada numa estrutura actancial imutável. Se Lucien Tesnière vislumbrava um pequeno espetáculo com suas funções permanentes (alguém que age e alguém que sofre a ação) por trás do enunciado elementar, o semioticista lituano entende que esse "enunciado-espetáculo" garante também nossa apreensão dos acontecimentos. O importante para o autor, portanto, é que o sis-

---

11. Claude Zilberberg, *Elementos de Semiótica Tensiva*, p. 172.

tema linguístico e, por extensão, o sistema semiótico estão sempre providos da capacidade de integrar o acontecimento (assim como qualquer outra mensagem) em suas estruturas narrativas. Zilberberg, ao contrário, faz do acontecimento um conceito central da hipótese tensiva. Sua ênfase recai sobre o caráter inesperado e quase inapreensível de sua ocorrência. Dotado invariavelmente de alta intensidade e forte concentração, o acontecimento é fruto de uma aparição repentina (o que sobrevém ao sujeito) e se comporta geralmente como o foco da informação. Esse índice acelerado e ao mesmo tempo de expressiva tonicidade não permite que esse conceito seja tratado no âmbito da *espera* formulada pela sintaxe narrativa, o que impede também uma concepção ascendente por etapas (restabelecimento, recrudescimento...) na teoria tensiva. Em vez do pensamento implicativo, típico dessa sintaxe, Zilberberg propõe que se opere com um pensamento concessivo, o único que admite numa esfera gramatical o surgimento do conteúdo imprevisível: "embora não fosse esperado, isso aconteceu".

EPÍLOGO

O criador da semiótica tensiva relembra em diversas oportunidades a recomendação de Greimas: "é preciso sair de Propp"[12]. De fato, a pesquisa sobre o sentido precisava se desenvolver para além dos princípios narrativos que acabaram se tornando a principal ferramenta descritiva da teoria semiótica. O estudo das paixões e das manifestações estéticas e estésicas tornou-se então a porta de saída imediata para o tratamento dos conteúdos subjetivos, líricos ou mesmo de cunho social. A fenomenologia, de

12. *Idem*, pp. 12 e 270.

um lado, e a retórica, de outro, foram incorporadas às investigações como alternativas metodológicas à abordagem meramente actancial. Nem todas as linhas, porém, trouxeram propostas verdadeiramente sintáxicas para explicar o aspecto inopinável do acontecimento e integrá-lo com essa característica no modelo descritivo. A formulação concessiva introduzida pela hipótese tensiva parece-nos ser a única a cumprir essa função gramatical.

Por fim, é preciso dizer que "sair de Propp" não significa abandonar a sintaxe narrativa. Greimas inspirou-se no autor russo, mas nunca utilizou o modelo canônico tal como foi concebido na *Morfologia do Conto*. Na realidade, ele já estava saindo de Propp desde quando, por exemplo, reduziu significativamente o número das funções actanciais encontradas pelo antropólogo e circunscreveu as operações narrativas em apenas um dos níveis do percurso gerativo (entre o nível fundamental e o nível discursivo). O esquema narrativo reformulado por Greimas e equipe continua tendo o caráter universal que lhe foi atribuído há pelo menos cinco décadas. Se agora descobrimos, a partir do conceito de foria, que as relações actanciais já eram regidas por oscilações tensivas, também universais, isso não significa que tenhamos que "trocar de universalidade" e, muito menos, que o esquema narrativo fique restrito à análise de contos folclóricos ou de contextos singelos. Assim como os atores discursivos pressupõem os actantes narrativos que, por sua vez, pressupõem relações modais, todos esses conceitos pressupõem medidas que levam à concentração, à expansão, à aceleração ou desaceleração, à tonificação ou atonização, enfim, que determinam a forma e a força do sentido. Cabe ao semioticista manobrar com coerência todos esses recursos a depender das exigências do objeto analisado.

2. A QUESTÃO DA INTENSIDADE NA TEORIA GREIMASIANA

PROJETO DE CIÊNCIA

Não é fácil fazer ciência na área das humanidades. O projeto de ciência concebido por Algirdas Julien Greimas ao final da década de 1960, e que, em 1979, adquiriu forma de um engenhoso dicionário analítico redigido em colaboração com Joseph Courtés, ao mesmo tempo que representava um avanço inegável dos estudos sobre o sentido, deixava rastros das estratégias adotadas para atingir sua conquista teórica. De fato, os autores tinham consciência de que uma semiótica, naquele momento, deveria privilegiar "uma certa 'estrada mestra', feita de constantes"[1] conceituais, mesmo correndo o risco de relegar noções já consagradas pela linguística ou pela filosofia da linguagem. Assim, em nome dessa concentração epistemológica, a obra *Sémiotique: dictionnaire raisonné de la théorie du langage* (*Dicionário de Se-*

---

1. Algirdas Julien Greimas e Joseph Courtés, *Dicionário de Semiótica*, p. 12.

miótica, na versão brasileira) afastou-se explicitamente da lógica anglo-saxônica, da pragmática, da retórica e da poética, disciplinas que nessa fase dialogavam com as teorias da significação e comunicação, deixando de lado ainda todos os conceitos que não participassem da rede de dependências selecionada para a nova proposta científica.

Se ao final dos anos 1970 já estava fora de cogitação o desenvolvimento da chamada "semântica estrutural" – aquela que buscava, no plano do conteúdo, desvios diferenciais equivalentes aos que definiam as unidades do plano da expressão – a "pesquisa de método" anunciada no livro inaugural de Greimas[2] permaneceu como principal horizonte dos que conceberam o importante dicionário. Um dos primeiros sinais positivos de aprimoramento metodológico foi exatamente a substituição da abordagem taxonômica, inspirada nos estudos fonológicos da linguística estrutural, pelo ponto de vista sintagmático, o que deu origem, em última instância, à semiótica narrativa e discursiva tão praticada nos anos subsequentes.

A orientação científica adotada por Greimas exigia que os fundamentos saussurianos da semiótica passassem necessariamente pelo crivo de Louis Hjelmslev, ou seja, subordinava o reconhecimento das oposições pertinentes à sua integração num nível superior de análise. Estabelecia, portanto, que as diferenças assinaladas por Saussure resultavam das dependências sublinhadas pelo autor dinamarquês e isso já estava registrado no verbete "estrutura elementar da significação", do mencionado dicionário: "a diferença [entre os valores], para ter sentido, só pode repousar sobre a 'semelhança' que situa os valores um em relação

---

2. Algirdas Julien Greimas, *Semântica Estrutural*.

ao outro"[3]. Podemos compreender com clareza a diferença paradigmática entre masculinidade e feminilidade, por exemplo, se a combinação sintagmática desses termos resultar numa categoria mais ampla, como sexualidade.

O reconhecimento da categoria que celebra a relação entre os elementos ajuda a construir hierarquias e a compor sistemas bastante compatíveis com as metodologias científicas, mas deixa pouco espaço para a compreensão dos termos que, por alguma razão, tenham sido acentuados num determinado contexto discursivo. Embora sempre mantenha relação com a masculinidade, a noção de feminilidade, tonificada eventualmente por atributos profissionais, poéticos ou sobrenaturais, pode diluir a influência dessa oposição inicial, desprender-se da categoria "sexualidade" e até mesmo comportar-se como um núcleo de sentido independente, ou seja, como um fenômeno singular, um acontecimento, individualizado por essa carga especial de qualidades. E quanto mais acentuado e surpreendente for tal fenômeno, mais tende a se propagar e a afetar os outros elementos analisados conturbando nossas concepções de estrutura e de modelo descritivo.

SEMIÓTICA DA IDENTIDADE E DOS CONTRATOS

Do ponto de vista narrativo, o projeto metodológico de Greimas tomou uma direção, digamos, pascaliana. Fez parte do seu quadro teórico geral, de um lado, o controle das exorbitâncias e dos abusos (contenção dos excessos), de outro, a supressão da escassez, da privação (liquidação da falta). O que prevalecia em

---

3. Algirdas Julien Greimas e Joseph Courtés, *Dicionário de Semiótica*, p. 184.

ambos os casos era o enfraquecimento da atuação antagonista para que o sujeito semiótico pudesse sempre conceber sua vida como "projeto, realização e destino"[4], numa clara valorização temporal do conceito de espera. É sintomática a quase ausência do termo "antissujeito" nas primeiras formulações do modelo narrativo[5]. Falava-se então de "oponente", noção inspirada em Étienne Souriau, e de sua contraposição ao papel de "adjuvante", como se o confronto entre as principais funções narrativas (sujeito e antissujeito) se manifestasse em suas versões atonizadas, meras extensões modais do sujeito.

Uma das funções do percurso narrativo era desfazer surpresas e sobressaltos que pudessem conturbar a espera do sujeito e sua conjunção à distância com o valor do objeto. Ainda que devidamente previstas pelo modelo, as relações polêmicas, com suas tendências descontínuas, significavam etapas passageiras de uma trajetória fundada em contratos (fiduciários e veridictórios) e na recuperação da identidade perdida, ou seja, daquilo que faz o sujeito "persistir no seu ser" ou continuar a ser ele próprio. A semiótica da espera podia ser interpretada também como uma semiótica da identidade, da "permanência de um actante apesar das transformações de seus modos de existência ou dos papéis actanciais"[6]. A noção de alteridade definia valores semióticos com os quais o sujeito não se identificava durante o seu percurso narrativo e que, portanto, permaneciam dessemantizados em seu campo de percepção e de busca. O repentino interesse desse

---

[4]. *Idem*, p. 489.
[5]. Na verdade, nem o citado dicionário escrito em 1979 contempla essa entrada. "Antissujeito" só aparecerá no segundo volume da obra, lançado em 1986, quando a redação dos verbetes ficou a cargo de numerosos colaboradores.
[6]. *Idem*, p. 252.

sujeito por objetos alheios ao seu universo axiológico ainda não podia ser considerado como tal, uma vez que todo o equilíbrio actancial baseava-se na espera. Isso não significa que a alteridade estivesse ausente da teoria narrativa, mas, sim, que sua assimilação dependia de recursos descritivos específicos para inseri-la na cadeia dos programas realizados pelo sujeito. Em outras palavras, todo impacto surpreendente sofria uma espécie de desaceleração analítica que o despia das tensões inconciliáveis com a malha funcional dos valores assumidos pelo sujeito e o reintegrava ao esquema da identidade e da espera. Basta dizer que, ao encontrar-se com seu objeto de valor no final de um projeto narrativo, o sujeito celebrava não tanto a conquista do "outro", mas, principalmente, a recuperação de uma parte de si próprio que fora subtraída: "ao realizar o seu programa narrativo, o sujeito torna real o valor que não era senão visado e 'realiza' a si próprio"[7].

É essa concepção de identidade que está na base das noções juntivas utilizadas no estudo da presença (ou existência) semiótica. Em busca de uma definição operatória para esse campo de pesquisa, Greimas elegeu a relação transitiva, a que estabelece dependência recíproca entre os actantes sujeito e objeto, como o principal parâmetro para o reconhecimento de uma determinada grandeza a ser analisada num universo de discurso, a começar do plano epistemológico que só se define como tal quando o sujeito cognitivo focaliza o seu objeto de saber. Sempre fiel à tradição saussuriana, o semioticista distinguia ainda a existência virtual (*in absentia*), paradigmática, da existência atual (*in praesentia*), sintagmática, desse objeto de saber. Mas a analogia com a linguística já estava a essa altura impregnada do pensamento narrativo

---

7. *Idem*, p. 196.

que passou a orientar o desenvolvimento da semiótica no decorrer da década de 1970. Não se tratava mais de um sistema fundado nas relações de oposição entre elementos sonoros ou semânticos (a língua) nem das ocorrências discursivas concretas previstas no conceito de *fala* formulado pelo pensador suíço. No lugar das diferenças sistêmicas, entrava a descontinuidade entre sujeito e objeto para configurar o universo virtual (ou...ou...). No lugar da manifestação discursiva, a conjunção final entre os mesmos actantes, em decorrência de um processo de sintagmatização que permite a coexistência de ambos (e...e...) num determinado estágio narrativo. Estávamos, no primeiro caso, no âmbito da *virtualização*. No segundo, da *realização*. Para fazer a passagem de um estado a outro, Greimas reservava, agora sim, o termo *atualização*, pois, nessa etapa, o sujeito rejeitava sua condição de disjunção com o objeto e, para amenizar o sentimento de falta que essa ausência lhe impunha, já se movia em direção à sua reconquista. O pensamento estrutural ia pouco a pouco se temporalizando.

O percurso de recuperação da identidade passava, portanto, por três estágios juntivos: virtual (sujeito em disjunção com o objeto), atual (sujeito em não-disjunção com o objeto) e real (sujeito em conjunção com o objeto). Quem já se habituara com as trajetórias consagradas pela lógica do quadrado semiótico reconhecia de imediato a passagem de um termo ao seu contrário mediada pelo elemento contraditório, mas logo sentia falta do movimento oposto que percorresse da conjunção à disjunção, passando pela não-conjunção. Depois de uma série de hesitações conceituais[8], uma vertente da semiótica pós-Greimas, represen-

---

8. Greimas e Fontanille já cogitavam sobre a pertinência do conceito de potencialização para integrar os modos de existência semiótica no conhecido volume intitulado

tada por Jacques Fontanille e Claude Zilberberg, elegeu o termo *potencialização* para definir o estado de não-conjunção entre os actantes, baseando-se nitidamente na acepção átona dessa noção: "retorno das formas do uso para o sistema ou, pelo menos, a uma memória esquemática que fica em seu lugar"[9]. O estágio potencial, aqui, referia-se a um período de latência, em que algo se elabora subjetivamente logo após o término de uma conjunção efetiva (ou precedendo uma conjunção posterior), independentemente do seu impacto. Os hábitos e automatismos constituem conteúdos e processos que se potencializam na história juntiva do sujeito, caracterizando sua identidade mesmo quando perde o contato direto com o objeto. É o que chamamos de potencialização átona: as aquisições pouco ou nada conscientes de nossa língua natural ilustram bem o caso de uma conquista quase imperceptível por sua baixa tonicidade e que, no entanto, são essenciais na construção do nosso ser social. Talvez esteja aí o sentido profundo da famosa frase contida no *Dicionário de Semiótica* sobre a particularidade da lógica linguística: "aí o discurso conserva os traços das operações sintáticas anteriormente efetuadas"[10]. Já a potencialização tônica capta um fator diferencial na relação do sujeito com outrem e isso explica a razão pela qual algumas experiências e alguns encontros se tornam "memoráveis". Traz revelações sobre o "não-ser" que há em nós no presente, ou seja, sobre o fato de que não somos mais o que fomos no passado nem

---

Semiótica das Paixões (p. 53). Mas havia ali uma dificuldade com a acepção tônica da palavra, ou seja, com a ideia de aumento e intensificação que também define o sentido desse termo. Isso os fez pensar que o conceito figuraria bem entre as etapas de atualização e realização. O próprio Fontanille alterou esse ponto de vista alguns anos mais tarde.
9. Jacques Fontanille e Claude Zilberberg, *Tensão e Significação*, p. 58.
10. Algirdas Julien Greimas e Joseph Courtés, *Dicionário de Semiótica*, p. 402.

somos ainda o que seremos no futuro[11]. Esse princípio de alteridade, ao qual voltaremos adiante, responde pela perspectiva de mudança que, de par com o princípio de identidade, caracteriza o ser semiótico.

As duas acepções (átona e tônica) do termo potencialização que tanto confundiram os autores de *Semiótica das paixões* no início dos anos 1990 sugerem, na verdade, uma revisão dos quatro modos de presença semiótica, não apenas sob a ótica da junção e da identidade, mas também do grau de tonicidade. De fato, a ideia de *realização* como conjunção entre sujeito e objeto também sofreu alterações significativas, sobretudo a partir da publicação da obra *Da Imperfeição*. Até então, o encontro desses actantes nada mais era que uma das formas de "projeção sintagmática da estrutura contratual"[12] proppiana, aquela que regia todo o esquema narrativo. Antes da ruptura do contrato veridictório e fiduciário – explícito ou implícito – entre destinador e destinatário ou depois do seu restabelecimento na etapa final de uma determinada fabulação, imperava a harmonia actancial, ou seja, havia um lastro intersubjetal que garantia a permanência das relações conjuntivas dos sujeitos com seus respectivos objetos desejados ou devidos. A atonia desses dois estados conjuntivos era tão evidente que o período narrativo realmente considerado – o dos conflitos, transgressões e transformações – sempre esteve situado entre eles, os quais, por sua vez, raramente faziam parte, a não ser como pressupostos, do *corpus* de análise. Assim, a função de *plenitude* (conjunção entre sujeito e objeto) foi durante

---

11. Edward Lopes, "Paixões no Espelho: Sujeito e Objetivo como Investimentos Passionais Primordiais", *Cruzeiro Semiótico*, p. 159.
12. Algirdas Julien Greimas e Joseph Courtés, *Dicionário de Semiótica*, p. 101.

muito tempo na história da semiótica um conceito desprovido de tonicidade.

OS ENCONTROS EXTRAORDINÁRIOS

Isso mudou sensivelmente com o aparecimento, em 1987, da versão original de *Da Imperfeição*, especialmente nas cenas quase epifânicas escolhidas e analisadas por Greimas. Nelas, os estados juntivos sempre manifestavam uma carga tensiva. No decorrer de uma entrevista sobre o livro, concedida a Norma Tasca e Claude Zilberberg e publicada pela revista portuguesa *Cruzeiro Semiótico*, em 1988, Greimas comentava que "o sujeito e o objeto estão indissoluvelmente ligados e que há uma espécie de tensão que os separa e os une"[13]. Chegou a dizer, ao final da entrevista, fazendo alusão a Roland Barthes, que a ideia de "grau zero", longe de se reportar à platitude, significava já um estágio de plenitude, talvez, diríamos nós, pouco tonificado: "o grau zero era uma espécie de plenitude, era a conjunção do sujeito e do objeto"[14].

Os personagens dos trechos selecionados em *Da Imperfeição* vivem um êxtase quando se defrontam com objetos inesperados, procedentes de diversos domínios sensoriais (auditivo: a quebra sonora do ritmo das gotas que caem regularmente de uma clepsidra; visual: a imagem dos seios nus; olfativo: o odor do jasmim, etc.), que adquirem funções ativas e proporcionam ao sujeito experiências eufóricas igualmente inusitadas. Greimas constata-

---

13. Norma Tasca e Claude Zilberberg, "Entretient Avec A. J. Greimas", *Cruzeiro Semiótico*, p. 13 (tradução nossa).
14. *Idem*, p. 14.

va o caráter estésico e vigoroso desses encontros, mas, durante a descrição, não deixava de moderar o seu impacto ao vinculá-los à ruptura da espera e, principalmente, à sua reconstituição nostálgica. Para ele, a sensação efêmera de perfeição produzida no íntimo do sujeito não decorria diretamente da situação vivida e, sim, de suas reminiscências posteriores que se encarregavam de dar completude aos conteúdos inefáveis. Diz o semioticista:

> A relação com a própria experiência "vivida", todavia, como se ela não pudesse ser dada diretamente, não é retomada senão mais tarde, quando Robinson se põe a refletir sobre "o êxtase que o havia possuído" e a buscar-lhe um nome, chamando-o de "um momento de inocência"[15].

É o que chamamos anteriormente de desaceleração analítica: o fenômeno ganhava inteligibilidade na avaliação posterior feita pelo próprio personagem que viveu a experiência. A situação em si, por envolver intenso comprometimento emocional, permanecia indescritível. O reconhecimento, porém, de que podia haver graus de tensão na plenitude conjuntiva foi uma contribuição inestimável desse pequeno livro escrito à margem das indagações semióticas da época. Sua primeira parte, intitulada "A fratura", examina sobretudo os casos de recomposição posterior da experiência extraordinária vivida pelo sujeito. A última seção, "A espera do inesperado", cogita sobre a possibilidade de ressemantização da vida cotidiana, nem que seja a partir de pequenos deslocamentos das acentuações de sentido provocando a revalorização do ritmo vital que em nossa época parece esgotado ("é possível uma sintaxe da vida aceitável?"[16]). No interior de ambas

---

15. Algirdas Julien Greimas, *Da Imperfeição*, p. 24.
16. *Idem*, p. 86.

as abordagens estava a exigência do método, transferindo a avaliação da plenitude conjuntiva para um tempo futuro (no qual se manifesta a nostalgia) ou para um tempo passado (no qual se revigora o estado de espera), o que, por si só, já representava certa moderação na maneira de captar o fulgor da experiência singular ou do acontecimento.

De todo modo, sem ostentar que já lançava naquele momento um olhar tensivo sobre a semiótica, em especial sobre a ideia de plenitude conjuntiva, Greimas concluía o seu volume com duas indagações sobre o que teria sobrado dos encontros extraordinários analisados anteriormente. Uma delas, decorrente da reconstituição nostálgica, identificava uma comoção juntiva considerável, mas com intensidade mitigada: "A inocência: sonho de um retorno às nascentes quando o homem e o mundo constituíam um só numa pancália original". A outra, dependente de uma espera, digamos, esperançosa, anunciava a possibilidade de um encontro especialmente tônico: "a vigilante espera de uma estesia única, de um deslumbramento ante o qual não nos encontraríamos obrigados a fechar as pálpebras. Mehr Licht!"[17].

INTENSIDADE NOS MODOS DE PRESENÇA

Para definir essas diferenças de intensidade apreendidas na etapa da realização já há uma denominação bastante sugestiva proposta no amplo estudo semiótico (*Tensão e Significação*), publicado por Fontanille e Zilberberg. Nele aparece a expressão "densidade de presença" para caracterizar a força e a importância

---

17. *Idem*, p. 91.

de uma grandeza que surge num campo de sentido, associada, evidentemente, à "tonicidade perceptiva"[18] do sujeito que a depreende. O que falta é uma reavaliação de todo o esquema dos modos de existência à luz dos variados graus de densidade que um objeto pode adquirir quando da percepção de um determinado sujeito. A passagem da realização para a potencialização é sempre um caso de abrandamento dos efeitos de uma experiência conjuntiva, seja qual for o nível da sua intensidade. Mas podemos imaginar que a maior ou menor densidade de presença do objeto acaba influenciando o teor da memorização e, portanto, o caráter mais átono ou mais tônico da potencialização, nos termos já comentados atrás.

Se mobilizarmos ainda mais os modos de presença nas operações do quadrado semiótico, aquilo que advém das latências mnésicas potencializadas provavelmente terá uma existência distinta das apreensões "inesquecíveis", assim que ambos fizerem parte do regime virtual de um universo de sentido. As diferenças sistêmicas ou mesmo de norma (hábitos linguísticos, sociais, culturais e toda espécie de automatização) – até certo ponto saussurianas – teriam um valor bem mais átono que as diferenças "inquietantes" provenientes dos destaques já configurados pela potencialização tônica (que, por sua vez, resultaram da realização de eventos impactantes ou das epifanias, como as descritas em *Da Imperfeição*). Embora em outro contexto discursivo, os autores de *Tensão e Significação* confirmam esse percurso quando dizem: "Para uma semiótica da presença, a relação não vai da diferença para a tonicidade, mas sim da tonicidade para a diferença"[19]. Essas diferenças "diferenciadas" (mais átonas ou mais tônicas)

---

18. Jacques Fontanille e Claude Zilberberg, *Tensão e Significação*, p. 133.
19. *Idem, ibidem.*

comporiam o regime da virtualização, numa etapa em que o sujeito existe em disjunção com seus valores. O regime da atualização (ou de não-disjunção com os valores) já foi fartamente descrito pela semiótica como a fase em que se manifesta o sentimento de falta. Sem mencionar as distinções de intensidade, Greimas previa o programa narrativo de base (mais tônico), ao lado dos programas de uso (auxiliares, mais átonos), todos em busca de uma nova plenitude conjuntiva no regime da realização. Em suma, os modos de presença pedem revisão e melhor aprumo levando em conta as variações de intensidade que atingem todos os seus termos.

Por enquanto, podemos constatar que o teor da plenitude conjuntiva tornou-se o núcleo da reflexão desenvolvida nos capítulos de *Da Imperfeição*. Greimas quis falar sobre a plenitude tonificada, sobre a ressemantização da vida relatada em alguns textos que tratavam de estímulos estéticos (ou estésicos, como aparece no volume) e do poder de atração de certos objetos em determinadas circunstâncias. Nada que pudesse figurar de imediato em seu tratado de método pacientemente construído ao longo das décadas anteriores. Para poder versar sobre fenômenos de natureza tensiva e sentir-se à vontade com o emprego de termos metafóricos (que, até então, não fazia o seu gênero), o autor despiu-se temporariamente do rigoroso ponto de vista semiótico e anunciou que a obra em pauta não fazia parte da sequência de seus trabalhos precedentes dedicada à ciência – ou "projeto de ciência", como gostava de frisar. Era apenas algo que escreveu para proporcionar prazer ao leitor e a si mesmo[20]. Com essa tomada de posição, permitiu-se tratar de um assunto palpitante sem que dispusesse ainda das ferramentas técnicas e metalin-

---

20. Norma Tasca e Claude Zilberberg, "Entretient avec J. A. Greimas", p. 9.

guísticas exigidas pela teoria construída em colaboração com os membros do célebre Grupo de Pesquisas Sêmio-linguísticas. Isso não impediu, porém, que pesquisadores franceses e do mundo inteiro recebessem a pequena obra como um sinal contundente de orientação para as novas pesquisas. Interpretando à maneira de Valéry, podemos dizer que Greimas teria apresentado um "o que já é" que deu imediata direção aos trabalhos semióticos, mesmo daqueles que consideravam a obra como "o que não é ainda". Em outras palavras, a surpresa inicial traduziu-se mais uma vez em espera, cujas etapas de assimilação e explicação progressivas vêm sendo realizadas até hoje.

DESSEMANTIZAÇÃO E RESSEMANTIZAÇÃO

É preciso admitir que a ideia de ressemantização já fazia parte do pensamento semiótico inicial, mas sempre como contrapartida da dessemantização, conceito este bem mais explorado na construção sistemática da teoria por possuir uma cifra tensiva desacelerada e átona, bastante condizente com o procedimento explicativo. Até para conseguir depreender um fenômeno de ressemantização, o sujeito semiótico tinha que contar com um fundo dessemantizado que o ajudasse a concentrar sua atenção no acontecimento principal. Isso equivale a dizer que é através da tela do *parecer*, sempre plena de imperfeições, que o sujeito podia eventualmente entrever algo de fato ressemantizado e associado à noção de *ser*, pela perfeição de sua presença efêmera. Mesmo para construir uma grande literatura, dizia Greimas num dos capítulos do *Sobre o Sentido*, o escritor depende de automatizações do processo linguístico (operações sintáticas, uso de vocabulário e de fonemas etc.), para que esses programas parciais de escrita, totalmente dessemantizados, resultem numa obra final de forte expressão artística[21].

Mas a dessemantização sempre esteve também associada à noção de sentido concebida como direção, a mesma que deu base para a compreensão do funcionamento linguístico e para o desenvolvimento do modelo narrativo. No primeiro caso, um sistema só se atualiza se boa parte dos seus recursos (gramaticais, técnicos, performáticos) já estiver automatizada pelos atores da comunidade. Isso serve para o manejo das línguas naturais, mas igualmente para as práticas gestuais cotidianas e todas as indispensáveis operações do universo computacional. Em qualquer desses casos, a eficácia da atualização depende de programas que se dessemantizam em favor de um projeto geral que, este sim, será a razão de todos os encadeamentos sintagmáticos anteriores. Fala-se, então, de vínculo metonímico entre esse projeto principal e seus programas constituintes. Um exemplo bastante utilizado pela semiótica é o da progressão gestual que culmina em um nó de gravata. Os programas parciais deste "nó" estão quase sempre dessemantizados (a menos que se trate de alguém em pleno processo de aprendizagem) em função do resultado final. Entretanto, se abrirmos o foco, essa gravata deverá compor o vestuário completo de um sujeito que se prepara para cumprir um determinado compromisso. Se dissermos que esse personagem está elegante, a gravata será apenas um dos itens que deram forma a essa elegância, o que significa alguma perda de tonicidade em relação à etapa anterior. Se esse ator dirige-se a uma solenidade de entrega de prêmios, por exemplo, o seu figurino tende a se

---

21. Algirdas Julien Greimas, *Sobre o Sentido*, p. 16.

diluir entre outros numerosos trajes de gala presentes no mesmo evento. A dessemantização é mais uma vez inevitável. Caso receba inesperadamente um dos prêmios e isso tenha importância crucial na sua história de vida, é bem provável que, tempos depois, não se lembre mais do que vestiu nesse dia, muito menos do nó perfeito que conseguiu dar na gravata, embora tenha certeza que fez uso de peças de vestuário (agora totalmente dessemantizadas) para participar da cerimônia.

Esse processo de atualização do sentido revela a incrível capacidade humana de rearranjo dos valores à medida que ganham maior ou menor destaque numa dada sequência sintagmática em função do projeto considerado principal. Aqui entramos no segundo caso, o desenvolvimento da narratividade. Foi exatamente a ideia de sentido como direção, intencionalidade, que gerou esse processo de atualização orientado, com seus ganhos e perdas de intensidade, e que se tornou matriz dos estados e transformações juntivas reproduzidos nos esquemas narrativos. Também aqui, é comum que programas narrativos de base se revelem programas de uso, e vice-versa, ao longo das histórias e dos relatos mais complexos: uma prova considerada a princípio decisiva pode não passar de prova qualificante para robustecer a competência de um sujeito que se prepara para a grande prova final.

Podemos lembrar do romance *Un roi sans divertissement*, de Jean Giono, cujo herói, Langlois, exercendo a função de capitão de gendarmaria, age como justiceiro e executa à queima-roupa um suspeito de cometer homicídios numa aldeia do Trièves, região dos Alpes franceses. Pouco depois, desempenhando função de comandante de *louveterie* [caça ao lobo], o mesmo personagem, numa caçada verdadeiramente teatral, fusila um lobo que teria devorado carneiros, cavalos e vacas na mesma região. Tais atos de bravura e certa selvageria já seriam suficientes para consagrar Langlois como alguém que jamais fraqueja nem hesita nas situações de risco que pedem decisão imediata. Tanto que o protagonista, a partir de então, recolhe-se a uma vida pacata, casa-se com uma jovem e vão morar numa pequena casa construída fora do vilarejo, naqueles espaços desérticos, gelados e especialmente monótonos durante o inverno. Sua atividade regular se resume em sair ao jardim todas as noites e fumar um cigarro contemplando a paisagem. Um caso típico de plenitude átona, normalmente associada aos romances que acabam bem. Mas ninguém sabe o que pensa Langlois durante essas noites de contemplação, até que num desses dias, ao sentir que a estação do frio recomeça, o herói se dirige à morada de um amigo na aldeia e pede que este lhe mate um de seus gansos, cortando-lhe a cabeça. Permanece tempo observando o sangue que escorre pela neve. Imediatamente essa cena se conecta às atuações sanguinárias que marcaram sua vida pregressa e, por conseguinte, aumenta a intensidade de uma existência que já parecia definida pela brandura e moderação. O que era apenas prenúncio concretiza-se na mesma noite, quando o ex-capitão sai para fumar não mais o seu cigarro habitual, mas uma banana de dinamite. A explosão repentina, que faz com que sua cabeça atinja, segundo o narrador, as dimensões do universo, descreve o máximo possível de tonicidade e velocidade que essa história poderia ainda admitir. Imediatamente, os programas narrativos anteriores, de caça ao assassino suspeito e ao lobo voraz, se realinham numa escala de intensidade inferior, vale dizer, dessemantizam-se como se fossem simples exercícios preparatórios para o grande desfecho trágico. Uma vez definida a direção sintagmática, tudo faz sentido no romance, a começar de seu cenário frio e inóspito. A própria ideia, novamente pascaliana, de *divertissement* adquire diferentes graus de acentuação quando as ações se escalonam diante da consciência que o personagem demonstra das "misérias" que afligem a vida humana. Como diz Edward Lopes: "Essa é a importância maior da narrativa: dar um sentido à vida humana, que em si mesma – isto é, enquanto a vivemos – não tem nenhum sentido"[22].

O PENSAMENTO CONCESSIVO

Embora jamais tenha reconhecido o papel das direções tensivas no seu método de análise, a semiótica *standard* já trazia alguns sinais disseminados, explícita ou implicitamente, em seu quadro teórico. A "dinamização" dos actantes e a mensuração do progresso narrativo, por exemplo, são conceitos inerentes à construção do *papel actancial* ao longo na narrativa. A composição modal e existencial do sujeito de estado, bem como suas diversas posições sintáxicas ocupadas durante a evolução do enredo, determinam acréscimos e decréscimos na esfera do ser semiótico:

[...] a definição [sintáxica] significa que o papel actancial não é caracterizado apenas pelo último PN realizado e pelo último valor adquirido (ou perdido), mas subsume todo o percurso já efetuado e traz consigo o aumento (ou a diminuição) de seu ser[23].

O sentido integral, sintagmaticamente orientado, tende a se construir com os aumentos gradativos da significação no decorrer das etapas narrativas, mas também com as perdas compensa-

---

22. Edward Lopes, *Prenúncios e Vestígios*, p. 136.
23. Algirdas Julien Greimas e Joseph Courtés, *Dicionário de Semiótica*, p. 334.

tórias de relevância sofridas pelos atores e por suas funções actanciais em proveito do projeto geral do discurso, como vimos na obra de Giono. Mas todas essas variações tensivas ainda podem ser organizadas com a ajuda do pensamento *implicativo*, no qual impera a lógica das determinações sintáxicas ou mesmo das sucessões temporais gradativas, uma vez que suas cifras de andamento podem ser desaceleradas no curso da descrição, evitando saltos e lacunas no âmbito do método. A sequência dos programas narrativos ou das práticas gestuais, com suas oscilações de intensidade guiadas pelo projeto de sentido mais amplo, ilustra bem o procedimento implicativo.

Entretanto, os acontecimentos extraordinários comentados em *Da Imperfeição* são pouco afeitos a essas cadeias de determinação. Ao contrário, eles surgem a partir de fraturas do cotidiano e dependem desse salto de conteúdo para produzir os efeitos impactantes depreendidos por Greimas. Esses fenômenos não se enquadram na semiótica da espera ou da identidade (ou, ainda, dos contratos e das conjunções), cujos princípios pautaram a maioria das análises realizadas nas décadas de 1970 e 1980. Ao lado da proposta quase poética que o semioticista lança no capítulo final da pequena grande obra, impossível não identificar também um último esforço para incorporar o imprevisível no pensamento implicativo, a começar do título aparentemente paradoxal: "A espera do inesperado"[24]. Para quebrar a provável monotonia da espera, o autor indaga sobre a viabilidade do uso de diversos recursos tensivos – "um deslocamento de acentuação", "uma síncope tensiva", "um *sostenuto* prolongando a espera"[25]

---

24. Algirdas Julien Greimas, *Da Imperfeição*, p. 83.
25. *Idem*, pp. 86-87.

– para introduzirmos "fraturas" em nosso cotidiano, como se pudéssemos controlar ou dosar o grau de surpresa investido nos acontecimentos inusitados.

Foi Claude Zilberberg quem captou bem a mudança de perspectiva trazida por essa publicação de 1987. Se, em linhas gerais, a semiótica praticada até então servia-se de um pensamento implicativo, fundado na continuidade das regras e determinações, as reflexões contidas em *Da Imperfeição* exigiam mudanças de ponto de vista e melhor compreensão do chamado pensamento *concessivo*. O autor de *Razão e Poética do Sentido* concebe esse pensamento como um misto de retórica e gramática: trata-se sempre de um caso de exclamação diante da ruptura sintagmática instaurada por um acontecimento inesperado. Refere-se, portanto, ao fenômeno que *sobrevém* no campo de presença do sujeito, amparado por cifras de alta velocidade e tonicidade, revertendo sua expectativa e programação de vida. Na lógica concessiva, a concessão que se faz ao outro é justamente para evidenciar a maior intensidade da argumentação contrária: "embora você não reconheça, vim apenas para ajudá-lo". Há sempre uma dimensão fiduciária que se rompe nesse tipo de formulação, o que abre espaço para o ingresso do conteúdo imprevisível, mas logo uma nova sutura refaz a junção (ou o contrato), dessa vez integrando a diferença e as marcas da alteridade. No campo artístico ou estético pode-se, portanto, atribuir ao pensamento concessivo a possibilidade que tem o sujeito de, no limite, crer no inacreditável, ou seja, estabelecer elo sintagmático entre elementos por natureza desconectados. Tudo indica que é essa a disposição fiduciária que sustenta as passagens descritas por Greimas no livro citado.

Mas Zilberberg concebe uma relação de complementaridade entre os pensamentos concessivo e implicativo. Se o primeiro compatibiliza-se com os impactos descontínuos provocados pelo *sobrevir*, o segundo harmoniza-se com a continuidade sintagmática regrada pelo *pervir*[26]. Não é difícil reconhecer neste último os traços típicos da semiótica da espera e da identidade bastante comentada anteriormente. Dentro de uma axiologia bem definida, o sujeito busca nos objetos os valores que poderão completar o seu ser semiótico com um pouco do que já foi no passado (mas que teria perdido) e do que imagina que será no futuro: "O sucesso do pervir tranquiliza o sujeito pela convicção de que o mundo é justamente o "seu" mundo, onde têm lugar o cálculo e a previsão"[27]. Essa visão, porém, é parcial e não explica as transformações do ator ao longo do texto e, por extensão, ao longo da vida. O sujeito dirige-se também ao outro, ao que ele não foi no passado e ao que não imagina que poderá ser no futuro. Por isso, acontecimentos que poderiam estar dessemantizados no campo de presença de um dado sujeito, de repente se mostram altamente tonificados e com capacidade de ocupar por inteiro o seu universo subjetivo ("Todo acontecimento brusco atinge o todo", dizia P. Valéry[28]. Os exemplos analisados em *Da Imperfeição* confirmam esse caso nos domínios da estesia e da euforia, mas é comum que haja também um aumento brusco da densidade de presença de elementos do antiprograma inoportuno que assombra ou intimida o ator principal em contexto disfórico: "a irrupção do sobrevir lhe faz lembrar que uma 'inquietante estranheza' pode se manifestar, como um avesso que se pusesse à mostra"[29].

---

26. Significando "chegar de um ponto a outro" (José Pedro Machado, *Dicionário Etimológico da Língua Portuguesa*, p. 1806), este arcaísmo da língua portuguesa traduz com a mesma motivação morfológica o verbo francês *parvenir*.
27. Claude Zilberberg, *Elementos de Semiótica Tensiva*, p. 243.
28. Paul Valéry, *Cahiers*, tome 1, p. 1288 (tradução nossa).
29. Claude Zilberberg, *Elementos de Semiótica Tensiva*, p. 243.

SER E NÃO-SER

Na realidade, o ser semiótico precisa, a todo instante, confirmar sua identidade e transcendê-la com a assimilação da alteridade. É isso que assegura, de acordo com Edward Lopes, sua condição transitória e histórica[30]. Ele é por definição um ser carente, pois ao mesmo tempo em que espera encontrar valores que exprimem o seu ser (identidade), sente falta dos valores que poderiam fazer dele um outro, o seu não-ser (alteridade). Esse salto teórico só é admissível se pudermos conceber uma racionalidade concessiva contracenando com o pensamento implicativo, possibilidade essa ainda não prevista nas últimas indagações do instaurador da semiótica europeia, nem quando formula a expressão "a espera do inesperado" – concessiva, por natureza.

Nossa impressão final é a de que Greimas sempre oscilou entre dois projetos, um mais ambicioso e menos explícito, voltado para o modo de construção do sentido (no fundo, sobre o ser do sentido) e outro, mais modesto do ponto de vista teórico, mas talvez mais comprometido com as outras ciências humanas e sociais, consagrado à pesquisa de método. Toda vez em que teve oportunidade de se manifestar sobre suas intenções finais, o segundo projeto parece ter tomado a dianteira. Nunca é demais lembrar suas considerações que abriram o segundo volume do *Sémiotique: dictionnaire raisonné de la théorie du langage*[31] sobre as três mais importantes vertentes teóricas que se revelaram durante a confecção coletiva da obra. A primeira, de acordo com o se-

---

30. Edward Lopes, "Paixões no Espelho...", pp. 157-159.
31. Algirdas Julien Greimas et Joseph Courtés, *Sémiotique: dictionnaire raisonné de la théorie du langage*, vol. 2, p. 6.

mioticista, propunha a formalização mais rigorosa das estruturas profundas do modelo, baseada em princípios matemáticos. A segunda trazia recursos de dinamização dessas mesmas estruturas, ampliando o papel da tensividade, até então restrita ao nível discursivo. Ambas apresentavam propostas que poderiam alterar as etapas gerativas de construção do sentido e, consequentemente, afetar o modelo descritivo que, de um modo ou de outro, vinha se mostrando eficaz nas abordagens concretas de textos verbais e não-verbais. Segundo Greimas, o núcleo mais sólido era o da terceira vertente, visto que este se dedicava a aprimorar os instrumentos de análise já existentes e a ampliar o seu campo de investigação e aplicação. Era o núcleo que enriquecia a vocação metodológica da teoria e, portanto, poderia oferecer contribuição relevante às disciplinas vizinhas.

Mesmo atraído pelo que chamou de "figurativo profundo"[32] e pela aventura tensiva, Greimas manteve-se fiel à pesquisa de método anunciada em seu primeiro livro.

---

32. Algirdas Julien Greimas, "Conversation", p. 51.

3. BASES DO PENSAMENTO TENSIVO

O ACONTECIMENTO GISÈLE BRELET

Em 1999, um então jovem musicólogo francês mostrou a Claude Zilberberg algumas páginas fotocopiadas do livro *Le Temps Musical*, escrito pela também musicóloga e filósofa Gisèle Brelet, nome completamente desconhecido naquele momento do semioticista e de grande parte dos pesquisadores dedicados à análise musical. A obra integral havia sido publicada em dois volumes, contendo um total de 842 páginas, no já longínquo ano de 1949.

Zilberberg leu aquelas páginas com certa avidez, pois tinha a nítida impressão de que, embora propostas em estilo bastante distinto, as ideias ali retratadas eram fruto de leitura dos textos que ele mesmo vinha produzindo incessantemente nos últimos anos do século passado. Não eram, por óbvio, mas a convergência das pesquisas empreendidas em épocas tão distantes e a partir de modelos de pensamento tão díspares produzia no semioticista o sentimento de que suas indagações teóricas já tinham se manifestado há 50 anos na pena da filósofa, mas não com a força necessária para fundar uma linha de investigação expressiva nas universidades ou nos ambientes intelectuais mais influentes daquele período. Isso se deu provavelmente pelo fato de a autora não se mostrar filiada à perspectiva estruturalista que se tornaria hegemônica na França nas décadas subsequentes. De todo modo, a partir de então, o idealizador da semiótica tensiva não podia deixar de ver no próprio trabalho a retomada de um elo perdido.

O tempo musical, para Brelet, é um dispositivo formal para se pensar a relação entre elementos contínuos e descontínuos, traduzindo as diferenças sonoras em intensidades ("elãs", impulsos) que promovem retomadas incessantes de seus próprios temas e motivos, compondo, por fim, em outro nível, uma nova continuidade a que chamamos duração musical. Tal duração, espécie de devir sonoro para a autora, não é apenas um modo de organização musical, mas também um modelo de funcionamento de nossa "duração interior", o que imediatamente nos remete às atuais pesquisas semióticas.

A filósofa depreende numa simples melodia o que chama de "encarnação do devir e do desejo" (no sentido de "consciência humana"), uma imagem do tempo musical: [a melodia é o] "triunfo sobre a continuidade amorfa de uma continuidade *formal* que a transpõe e nos liberta [...]; pois apenas ela restaura o elã do tempo, esse elã que, assim como o de nossa liberdade, apoia-se no descontínuo ou até mesmo o produz"[1]. Brelet quer dizer que, do ponto de vista rítmico, os conhecidos movimentos

---

1. Gisèle Brelet, *Le temps musical: essai d'une esthétique nouvelle de la musique*, p. 124 (tradução nossa).

de elevação e repouso representam imbricações melódicas e não propriamente oposições ou justaposições, uma vez que é do repouso que brota o elã do movimento ascendente. Assim como um passo bem dado depende da firmeza do pé de apoio, normalmente em repouso, o movimento ascendente depende do impulso promovido pelo descenso anterior e o que chamamos de tempo forte na melodia ou na poesia constitui na verdade uma emenda de duas células inseparáveis, a fraca e a forte, pois é da primeira que surge o impulso para a segunda. O ritmo, desse ponto de vista, nada mais é que a relação complexa que une elementos aparentemente opostos e nos permite ouvir uma temporalização sonora contínua.

Provavelmente inspirada pelo pensamento musical, Brelet chega por outro caminho à concepção de que sempre existe um liame temporal camuflado nas oposições estruturais apresentadas como categorias acrônicas. Isso equivale a dizer que, em vez da oposição estática que caracteriza diversos tipos de abordagens científicas, deveria prevalecer a ideia de que cada termo de uma célula estrutural tende ao seu termo contrário, justamente por estarem ambos incluídos numa categoria complexa que os subsume. Por exemplo, a *evidência*, na condição de termo complexo, faz com que o *parecer* (1º termo simples) tenda a se dirigir ao *ser* (2º termo simples) – e vice-versa –, como se já houvesse uma sintaxe sumária na disposição sistêmica dos conceitos[2].

---

2. O quadrado semiótico greimasiano já prevê esse movimento entre categorias, desde que desencadeado por diferentes estados afetivos e perceptivos (tímicos ou fóricos) manifestados pelos sujeitos em foco. Embora os resultados sejam parecidos, a visão de Brelet nos leva imediatamente ao entendimento de que já há um tempo operando nas estruturas profundas.

CONTINUUM TENSIVO

Zilberberg sempre defendeu que o tempo, em todas as suas dimensões (temporalização, duração, andamento), é condição *sine qua non* para uma reflexão consequente sobre o sentido. Baseava-se num célebre aforismo de Paul Valéry tão sucinto quanto fecundo: "Todas as vezes que há dualidade em nosso espírito há tempo. O tempo é o nome genérico de todos os fatos de dualidade, de diferença"[3]. Justamente essa temporalidade valeriana foi se firmando como apoio à noção de tensividade desenvolvida por Zilberberg. Quando o autor diz que "a tensividade foi identificada como o que se conserva, o que subsiste na disjunção e, portanto, como a própria temporalidade"[4], ouve-se por trás a voz de Valéry: "o tempo é conhecido por uma tensão, não pela mudança"[5]. Essas indagações deram início às revisões epistemológicas que foram se constituindo na atual semiótica tensiva. O interesse geral deslocou-se para o fato de que as grandezas "tendem a" outras grandezas e não apenas se opõem ou se assemelham a elas.

Nesse sentido, mais uma vez, as considerações de Gisèle Brelet sobre a melodia causaram impacto marcante no pensamento do semioticista:

> A melodia é *tendência*, mas ela é também *liberdade*. Ora, é a aliança do contínuo e do descontínuo que permite à melodia inventar sua própria duração por uma retomada incessante de si mesma, sem que, no entanto, rompa a continuidade móvel de seu desenho, sempre reconquistada pelo e

---

3. Paul Valéry, *Cahiers*, tome 1, p. 1263 (tradução nossa).
4. Claude Zilberberg, "Signification et prosodie dans la dialectique de la durée de G. Bachelard", p. 114 (tradução nossa).
5. Paul Valéry, *Cahiers*, tome 1, p. 1324 (tradução nossa).

sobre o descontínuo: e é do próprio descontínuo que sempre emana o elã que engendra uma continuidade[6].

Se a noção de estrutura formulada pelos seguidores de Saussure sempre privilegiou a "diferença", a noção de temporalidade adotada por Valéry e Brelet pôs em relevo a "sutura" dos elementos diferenciados e sua tendência a assumir uma determinada direção. Zilberberg transitou pelas duas noções e instaurou a tensividade como o lugar teórico onde ambas convivem em todas as operações descritivas.

Bem antes de conhecer o trabalho de Brelet, com sua proposta explícita de identificação entre temporalidade e discurso musical, Zilberberg já considerava inevitável a incorporação de categorias musicais se quiséssemos criar uma epistemologia semiótica digna desse nome. Em 1990, publicou nas páginas da revista canadense *Protée* um interessante artigo sobre o conceito de ritmo ("Relativité du rythme"), no qual apresenta, já com entusiasmo, algumas dessas categorias e confirma a necessidade desse diálogo com o mundo musical: "A inegável musicalização da significação, longe de constituir uma alienação, deve ser antes de tudo compreendida como um progresso na apreensão da natureza poética do tempo"[7].

Entre os conceitos musicais convocados pelo semioticista nesse artigo e em muitos outros que viriam a seguir destaca-se a categoria do *andamento* (tradução de *tempo*, termo italiano adotado pelos musicistas), nem sempre valorizada no próprio universo musical. Não é raro que esse parâmetro surja na músi-

---

6. Gisèle Brelet, *Le temps musical...*, p. 124 (tradução nossa).
7. Claude Zilberberg, "Relativité du rythme...", p. 44 (tradução nossa).

ca como decorrência das divisões rítmicas de uma peça, essas sim de natureza estrutural, e que até mesmo possa variar a depender da interpretação particular adotada pelo instrumentista ou pelo maestro. Para a semiótica, o interesse do andamento está, em primeiro lugar, na sua capacidade de conduzir a temporalidade como um todo fazendo dela uma duração mais concentrada, a partir da aceleração, ou mais difusa, a partir da desaceleração. Trata-se de uma relação complexa entre duas dimensões do próprio tempo: a rapidez ou a lentidão do andamento produzem respectivamente as durações breve ou longa como resultantes temporais. Em segundo lugar, as categorias do andamento fazem parte tanto do vocabulário descritivo inerente às línguas naturais (avanço, atraso, vivacidade, protelação, precipitação) como de suas expressões corriqueiras (saudade, ansiedade, agonia, susto, melancolia, paciência), justamente pelo fato de traduzirem nossos estados psíquicos num certo consenso social. Tal peculiaridade do conceito levou o criador da semiótica tensiva a adotar o andamento como a dimensão profunda do tempo e, em grande medida, do modelo de construção do sentido: "portanto, é conveniente reconhecer sem demora que o andamento é nada menos que a profundidade do tempo"[8].

ANDAMENTO COMO CATEGORIA

Em busca do alcance semiótico de tal conceito, Zilberberg constata o poder do andamento até nas relações juntivas (disjuntivas e conjuntivas) que governam as exclusões mútuas do eixo paradigmático (ou...ou...) e as combinações que permitem a coexistência dos

---

8. Claude Zilberberg, "Description de la description", p. 170 (tradução nossa).

elementos no eixo sintagmático (e...e...), conceitos esses bastante consolidados nos domínios da linguística e da semiótica. A alternância entre os elementos do paradigma é imediata: é um ou outro, desde que desempenhe a mesma função no sistema. A instantaneidade da prática de eliminação e seleção indica a regência direta da aceleração. Ao contrário, a prática da conjunção de elementos na cadeia sintagmática, criando entre eles uma contiguidade, depende do alongamento da duração, o que indica a regência do andamento lento. Em outras palavras, a rapidez tende a conduzir o discurso ao sistema, enquanto a lentidão faz o mesmo em direção ao processo.

Zilberberg ainda testa os limites das determinações do andamento sobre o funcionamento das linguagens. Numa dimensão apenas teórica, o autor especula que uma velocidade exacerbada ao extremo, numa escala inumana, instauraria uma disjunção absoluta com os demais elementos do sistema, de tal maneira que a própria operação paradigmática sucumbiria diante do "nada". Por outro lado, não havendo celeridade nenhuma, a conjunção sintagmática poderia se tornar infindável, o que anularia a sua função integradora diante do "tudo"[9]. Tais reflexões do semioticista são bem anteriores à leitura de Gisèle Brelet, que também alertava os musicólogos sobre os efeitos danosos causados por aceleração ou desaceleração exorbitantes:

> [...] há um limite tanto para a rapidez quanto para a lentidão que destroem a si próprias quando se exacerbam; a rapidez demasiadamente rápida não passa de precipitação e a lentidão, demasiadamente lenta, torna-se entorpecente: uma perde o seu elã e a outra, sua plenitude[10].

---

9. Claude Zilberberg, "Plaidoyer pour le *tempo*", p. 239.
10. Gisèle Brelet, *Le temps musical...*, p. 380 (tradução nossa).

O andamento, em sua atuação regular, rege igualmente o que Greimas chamava de "elasticidade" do discurso[11]. Um aumento vigoroso da velocidade, como ocorre em situação de enlevo emocional, pode resultar numa simples exclamação, símbolo da concentração máxima da duração discursiva. Com pouco menos vigor, teremos talvez um aforismo, um resumo e, à medida que a celeridade decresce e a morosidade evolui, podemos chegar a comentários mais desenvolvidos, dissertações e tratados, gêneros que dependem do alentecimento das operações linguísticas. Assim, como efeito dessas variações de velocidade, despontam os discursos imperiosos e os discursos demonstrativos, além de toda a gama de gêneros e estilos incluída entre eles[12].

A reflexão de Zilberberg sobre o papel do andamento na constituição dos discursos deteve-se durante alguns anos na relação dessa categoria motriz com as noções de duração e espaço. Pode-se dizer que é nítida a correlação inversa entre a celeridade e os outros dois conceitos e que, na maior parte dos casos, as variações de andamento determinam a condição do tempo e do espaço implicados. O aumento da velocidade abrevia a duração, assim como a desaceleração a faz estender-se. Trata-se de um princípio físico, mas com valor semiótico que pode ser avaliado em diversas situações. A eficiência de um profissional nos dias atuais é muitas vezes medida por sua capacidade de obter bons resultados com o mínimo consumo de tempo. A rapidez com que executa os mais diversos afazeres concentra a duração e pode torná-la quase imperceptível. Ao contrário, é comum, por exemplo, que um escritor de romances precise de tempo para desen-

---

11. Algirdas Julien Greimas, *Semântica Estrutural*, p. 106.
12. Claude Zilberberg, "Plaidoyer pour le *tempo*", p. 236.

volver "sem pressa" a sua obra e que esse tempo ainda se alastre bem mais do que o previsto, deixando claro que seu trabalho é regido pela desaceleração.

Também podemos pensar que o mesmo efeito do andamento sobre a duração se reproduz na relação com o espaço. Do ponto de vista físico, o espaço também se concentra (ou se fecha) quando percorrido com maior velocidade e se dilata (ou se abre) com a perda de celeridade, expondo todos os segmentos intermediários do seu percurso. Mas ao semioticista interessa mais o espaço subjetivo do ser humano que, diante do impacto de um acontecimento (positivo ou negativo) inesperado, surge tomado pela presença arrebatadora do objeto. Nesse espaço (quase) totalmente ocupado não há lugar para as modalidades que garantem a resposta e a ação (ou reação) do sujeito. Dizemos, então, que seu espaço interno se fechou ou se contraiu em função do ingresso súbito de conteúdos surpreendentes. Já se pode prever que o espaço subjetivo funciona em consonância com a duração, esta também interna ao sujeito. Quanto maior a velocidade, menor a duração disponível e mais fechado o seu espaço mental. O restabelecimento de ambos só é possível mediante a regência da desaceleração. Quando demonstra ter condições de traduzir seu espanto inicial em discurso ou em outras atividades, o sujeito já conta com os efeitos da desaceleração para refazer sua duração e seu espaço internos e, em última instância, reconstruir o seu ser semiótico até então apassivado pelas contingências da vida.

A atuação suficientemente clara do andamento sobre as categorias duração e espaço deu a Zilberberg a segurança necessária para propor uma gramática elementar baseada na pressuposição e na regência: a expansão ou contração do tempo e do espaço pressupunham o grau de velocidade imprimido a essas categorias, de modo que já se podia dizer que o andamento era sempre o termo regente e que, portanto, a musicalização havia atingido o âmago da teoria.

Embora o autor francês não tenha esmiuçado devidamente esse empréstimo da área musical, não é difícil supor que isso tenha ocorrido não apenas pelas designações técnicas, em si expressivas, mas também pelas configurações passionais associadas às categorias do andamento. De fato, os pontos extremos desse conceito já são muito bem denominados no âmbito musical: *lento* e *vivo*. São termos precisos para indicar respectivamente desaceleração e aceleração. Mas no lugar de vivo, por exemplo, o mundo musical dispõe de termos como *allegro* ou mesmo *allegrissimo* que evidenciam ainda mais o vínculo entre velocidade e emoção, algumas vezes acrescida de superlativo. Mais do que isso, não é raro que o tipo de movimento musical venha acompanhado de um *caráter*, expresso com os adjetivos *affetuoso, appassionato, furioso, grazioso, sensibile* etc., o que permite formações como *andante energico, allegro con brio, allegro giocoso, largo appassionato* ou mesmo adverbializações do modo de tocar: *dolce, vivacissimamente, presto con fuoco* etc. Todas essas expressões italianas, adotadas universalmente como padronização de uma metalinguagem musical, demonstram que as variações de velocidade respondem por boa parte das modalidades afetivas disseminadas numa determinada peça.

Isso tudo contribuiu para a decisão do semioticista de instituir o andamento, e seu componente afetivo, como uma das dimensões da *intensidade* que regula o tempo e o espaço subjetivos, tornando-os ora mais concentrados, ora mais difusos. Paralelamente, ao observar melhor esses últimos efeitos, sempre associados à elasticidade da linguagem e da significação, Zilberberg reparou que esses processos de densificação e rarefação traduziam outra dimensão do sentido, anterior à temporalização e à espacialização propriamente ditas, que poderia ser denominada *extensidade*[13]. As simetrias começavam a se configurar: de um lado, a intensidade, até então identificada apenas com o andamento, articulada em forte e tênue, e, de outro, a extensidade, articulada em concentração e difusão. O andamento foi então definido como subdimensão da intensidade e a incidência de seus elementos polares, a rapidez e a lentidão, sobre a temporalidade (ou duração) davam origem respectivamente à brevidade e ao alongamento. Se a incidência recaísse sobre a espacialidade, teríamos no primeiro caso o fechamento e, no segundo, a abertura.

EXTENSIDADE HJELMSLEVIANA

Se a intensidade retrata o nosso mundo subjetivo, nossas "medidas" afetivas (os nossos estados de alma, nos termos da semiótica), a extensidade refere-se, em princípio, ao mundo exterior, à quantidade dos elementos envolvidos (aos estados de coisas), ou, mais precisamente, ao grau de abrangência dos fatos abordados. O conceito de *correlação*, empregado por Hjelmslev para definir as oposições dentro de um sistema linguístico, passou então a caracterizar também o tipo de interação que a intensidade mantém com a extensidade. A mais comum, e mais produtiva do ponto de vista analítico, é a interação inversa que articula forte intensida-

---

13. Termo já empregado com alguma semelhança por Gilles Deleuze, *Diferença e Repetição*, p. 315. No pensamento tradicional sobre o tema, porém, encontra-se com mais frequência a palavra *extensão*.

de com pouca extensidade: quanto mais ênfase, menos conteúdo envolvido (quando dizemos, por exemplo, que precisamos focar melhor os nossos objetivos) e vice-versa. Mas a semiótica tensiva prevê também a correlação conversa, quando a forte intensidade incide sobre a ampla extensidade: ênfase na maior abrangência (podemos dizer, por exemplo, que os grandes investimentos financeiros serão feitos nos projetos que atinjam o maior número de pessoas) ou quase nenhuma ênfase sobre quase nenhuma abrangência, algo próximo à paralisação.

De todo modo, a extensidade já teve alguma história na glossemática, mesmo que a expressão em si não tenha sido formulada por Hjelmslev. O linguista operava com as categorias intensas e extensas, mostrando que as primeiras tinham presença local nos enunciados, enquanto as outras poderiam *caracterizar* o enunciado inteiro. No plano da expressão, o autor dinamarquês identificava o acento como uma categoria tipicamente intensa e atribuía à modulação a capacidade de se expandir pelo enunciado. No plano do conteúdo, o substantivo e seus complementos nominais preenchiam a função de categorias intensas, enquanto o verbo e suas flexões (tempo, modo, aspecto) apresentavam-se como categorias extensas, com capacidade de difusão no enunciado (hoje diríamos também no texto). O pensador dinamarquês ainda demonstrou que as línguas naturais permitem que seus verbos se transformem em substantivos e que estes sejam verbalizados, o que nos permite dizer que a fronteira entre elementos intensos e extensos na linguagem não é tão nítida, embora possamos falar de tendências à concentração e à difusão no interior do discurso[14].

14. Louis Hjelmslev, *Ensaios Linguísticos*, p. 289.

Hjelmslev desenvolveu o seu raciocínio no eixo da extensidade. Quando descreve o acento como elemento intenso do plano da expressão está falando de concentração ou do aumento de densidade que traz esse conceito, mas não propriamente de intensidade. Hoje talvez possamos dizer que toda concentração pressupõe certo grau de tonificação e que isso justifica a escolha do termo acento pelo linguista. Entretanto, ao compararmos com seu equivalente no plano do conteúdo, o nome (substantivo), verificamos que o linguista destacava, nos dois conceitos, o seu aspecto pontual, ou seja, a sua função concêntrica no eixo da extensidade.

TONICIDADE COMO CATEGORIA

A noção de acento, porém, foi se transformando na visão de Zilberberg até se tornar igualmente imprescindível para a análise do plano do conteúdo: "[...]consideramos que o acento ocupa no plano da expressão uma posição tal que não se poderia conceber que ele deixasse de desempenhar algum papel no plano do conteúdo"[15]. Assim como a sílaba acentuada opõe-se a todas as outras por trazer marcas de tonicidade, unicidade e indivisibilidade, o conteúdo "acentuado", ou enfatizado, possui propriedades que atraem para si o vigor das grandezas que o circundam. Numa formulação bastante feliz, o autor francês explica esse papel do acento: "Tudo ocorre como se a grandeza acentuada, em qualquer das isotopias consideradas, confiscasse em seu proveito [...] a foria das grandezas não acentuadas ou, de um ponto de vista interpretativo, desacentuadas"[16].

---

15. Claude Zilberberg, *Elementos de Semiótica Tensiva*, p. 16.
16. *Idem*, p. 290.

Não se trata apenas de considerar o acento como categoria semântica, mas também de examiná-lo como dispositivo que articula a intensidade com a extensidade. O semioticista encontrou o que procurava em Ernst Cassirer. O filósofo alemão dedicou diversos estudos ao conhecimento que brota do saber mítico primordial ou mesmo de nossas práticas linguísticas corriqueiras, comparando-o ao conhecimento que provém dos discursos lógicos ou da conceituação teórica elaborada na área científica ou filosófica. Em vez da ampliação e generalização visadas pelo pensamento lógico, Cassirer destaca nos discursos míticos e linguísticos uma tendência a concentrar a própria intuição num ponto específico do conteúdo e nele fazer incidir alta tonicidade, de modo a afastar desse foco tudo que não diga respeito à grandeza ou região acentuada:

> Aqui [no pensamento mítico e linguístico] a intuição não é ampliada, mas sim comprimida, concentrada, por assim dizer, em um só ponto. É neste processo de compressão, que efetivamente se destaca aquele momento sobre o qual recai o acento da "significação". Toda luz aqui se reúne, pois, em um único ponto, o ponto focal da "significação", ao passo que tudo quanto se acha fora deste centro focal da interpretação linguística e mítica permanece praticamente invisível[17].

Foi justamente essa ideia de acento no plano do conteúdo que fez Zilberberg criar no âmbito da intensidade uma subdimensão específica para calcular o grau de *tonicidade* de uma grandeza, ainda que, de início, soasse como categoria redundante. Sua articulação em elementos tônicos (acentuados) e elementos átonos (inacentuados) serviu para precisar a ênfase ou a importância

---

17. Ernst Cassirer, *Linguagem e Mito*, p. 108.

atribuída a um dado conteúdo. A dimensão da intensidade, por sua vez, virou categoria ampla para abarcar as combinações de tonicidade e andamento. O máximo de tonicidade associado ao máximo de rapidez, por exemplo, resultaria no termo francês "éclat", de difícil tradução em português, uma espécie de metáfora reunindo tanto estímulos sensoriais extremos (clarão, estrondo) e conceitos abstratos também de natureza apical (clímax, impacto, apogeu) quanto noções de rapidez e aceleração. A atonia e a lentidão, ao contrário, concorreriam para a baixa intensidade e seus efeitos de debilidade, frouxidão ou até de frieza.

Na verdade, o processo de "acentuação da existência"[18] que Zilberberg encontrou em Cassirer confirmou sua hipótese tensiva, muitas vezes resumida como musicalização da semiótica[19]. A empolgação que já havia manifestado em relação aos efeitos causados pela incidência do andamento sobre a duração e a espacialidade foi se transferindo também para a atuação do acento. Na origem disso tudo estava a observação do funcionamento prosódico das línguas naturais, algo abandonado pelas ciências da linguagem. Durante décadas, a linguística moderna se ateve às unidades distintivas e significativas (fonemas, morfemas, frases e textos) que, em boa parte, davam conta do sentido intelectivo das mensagens, mas deixavam de fora os recursos emocionais e persuasivos presentes em quase toda comunicação, especialmente as inflexões melódicas que serpeiam por trás das falas vinculando as informações pretensamente neutras às intenções dos seus su-

---

18. Na versão brasileira da obra de Cassirer, essa expressão aparece como "enfatização da existência" (Cassirer, *A Filosofia das Formas Simbólicas*, vol. 2, p. 146). A ideia é rigorosamente a mesma, mas, do ponto de vista semiótico, essa solução dilui a motivação precisa da palavra "acento".
19. Claude Zilberberg, "De l'affect à la valeur", p. 75 (tradução nossa).

jeitos. Como esse era um assunto tradicionalmente atribuído à retórica, não havia como inseri-lo numa linguística nem numa semiótica com aspiração científica.

O importante, entretanto, é o que Zilberberg "viu" na prosódia e que acabou determinando os seus conceitos de *incremento* e *direção* tensiva. Assim como, no microcosmo da silabação saussuriana, o ápice sonoro, a implosão, sempre indica o início de uma descendência em direção ao fechamento consonantal e este, por sua vez, anuncia a inevitável retomada da sonorização, a explosão, que culmina na vogal mais aberta, no universo prosódico, o componente entoativo orienta suas curvas, por mais variadas que sejam, em direção ao acento crucial que fixa o limiar entre a prótase e a apódose do discurso. Ligadas à cadência fônica do enunciado ou mesmo do parágrafo, a prótase revela em sua ascendência melódica inicial – que pode ser apresentada em sucessivas fases intercaladas por pausas – a intenção do enunciador de manter o ouvinte atento para o desfecho que vem a seguir. A apódose, que também pode ser sucinta ou alongada, corresponde à melodia descendente emitida na segunda parte do enunciado ou do discurso e que possui em geral um caráter conclusivo.

PROSODIZAÇÃO DO CONTEÚDO

O que interessa basicamente ao semioticista é o papel dos acentos, o principal e os secundários, na evolução dessas curvas entoativas do plano da expressão e, numa segunda etapa, a possibilidade de reproduzir esses movimentos tensivos no plano do conteúdo.

No primeiro caso, se pudéssemos interromper artificialmente um discurso que perfaz o caminho da prótase, e nos ater num de seus acentos secundários, é provável que reconhecêssemos de imediato a direção ascendente da curva melódica descontinuada e talvez até a maior ou menor proximidade do seu ponto culminante. Está aqui a origem dos incrementos "mais" e "menos" que, em seguida, teriam participação fundamental no modelo tensivo[20]. Como já vimos com Gisèle Brelet, é do repouso que nasce o impulso em direção ao ápice da curva melódica e, mesmo que esse percurso seja estendido com pausas e segmentos intermediários, captamos essas manobras como gradações que nos conduzem inexoravelmente ao acento principal da prótase. Deixar a condição de repouso entoativo significa sair do grau zero da expressão melódica (*menos menos*) e, à medida que cresce o vigor das inflexões, passarmos da região negativa (do *menos*) para a positiva (do *mais*) até culminarmos no acento principal da prótase (*mais mais*). O mesmo se pode dizer sobre o movimento descendente da apódose. Em qualquer ponto desse descenso podemos reconhecer a direção "pós-prótase" estabelecida e esperar pelo destino conclusivo da cadência melódica, quando o auge melódico declina e faz extinguir a expressividade (*mais menos*).

Caso não depreendêssemos intuitivamente os pontos de acento que caracterizam a prótase e esta não fosse definida por seu acento final (e principal) que justifica o sentido – ou a direção – dos segmentos melódicos anteriores, as entoações seriam sempre átonas, literalmente monótonas, e não despertariam nossa atenção para o que está sendo dito. Aliás, dificultariam a própria compreensão do conteúdo intelectivo[21]. São os acentos que

---

20. Tais incrementos e suas combinações (*mais mais, mais menos* etc.) serão minuciosamente estudados no próximo capítulo (pp. 108 e 109).

21. O exemplo mais próximo dessa manifestação de discurso melodicamente inacentuado é a recitação no mesmo tom de rezas ou ladainhas que, como tais, são decoradas e pouco se atêm ao sentido das palavras.

nos apontam as principais direções, ascendentes e descendentes, seguidas pelo curso entoativo e que, portanto, o inserem num projeto de sentido.

No segundo caso, ao transferir essa constatação para o plano do conteúdo, Zilberberg estabelece uma interessante diferença entre *existência* e *presença* semiótica, conceitos tradicionalmente confundidos no âmbito da teoria. Para o autor, é o acento, ou seja, a ênfase num determinado conteúdo, que converte a existência em presença. Sem o acento, a existência seria mera subsistência sem orientação de sentido, sem presença. E quanto mais inesperado o acento, maior o efeito de presença no plano tensivo: "quando o ('improvável') acento 'atinge' a existência, esta chega à presença"[22]. Não podemos esquecer que o acento se impõe como dispositivo da intensidade e, ao mesmo tempo, da extensidade. Desse modo, além da alta tonicidade aplicada a uma dada grandeza, é comum que sua escolha acumule também uma função concêntrica responsável por obscurecer os sentidos das demais grandezas à sua volta.

Resumindo: toda grandeza que ingressa no campo tensivo terá, portanto, *menos* ou *mais* presença, a depender do estágio de intensidade em que se encontre. Como ocorre com a melodia da nossa fala assim que sai do estado de repouso, essa grandeza pode manifestar fraca presença, mas, também como a modulação que se encaminha ao ponto alto da prótase, pode exibir o seu máximo de acentuação de conteúdo:

> O timismo desempenharia no plano do conteúdo um papel comparável ao da prosódia no plano da expressão, ou seja, assim como a prosódia,

---

22. Claude Zilberberg, "De l'affect à la valeur", p. 55 (tradução nossa).

pelo jogo das modulações e distribuição "feliz" dos acentos, tenta realizar o que denominaremos, na falta de um termo melhor, um "perfil", o timismo tenta regulamentar as intensidades pontuais e difusas que surpreendem e assaltam o sujeito[23].

Essa é a razão pela qual o semioticista francês foi se afeiçoando mais à ideia de prosodização que de musicalização, ainda que parte de suas decisões metalinguísticas (andamento, ritmo, duração etc.) mantivesse o vínculo com a área musical. A prosódia responde pela distribuição dos acentos que indicam as direções assumidas pelas curvas entoativas e ainda permite que seus movimentos ascendentes e descendentes sejam intercalados por novos segmentos sem qualquer alteração direcional. Não é por outro motivo que, ao examinar o plano do conteúdo em seu movimento ascendente, por exemplo, Zilberberg concebe duas principais partições (restabelecimento e recrudescimento), mas não vê problema em subdividir o *restabelecimento* em "retomada" e "progressão" e o *recrudescimento* em "ampliação" e "saturação". Essas partições no plano do conteúdo reproduzem as inserções melódicas que, no plano da expressão, acompanham os acréscimos eventuais de segmentos linguísticos na formação da prótase. O mesmo ocorre na orientação descendente: as modulações podem ser intercaladas por novos segmentos no plano da expressão, assim como podemos ter subdivisões para a *atenuação* e a *minimização* no outro plano[24].

Tanto as intercalações melódicas como as partições aspectuais do conteúdo indicam, por outro lado, regência da desace-

---

23. Claude Zilberberg, "Défense et illustration de l'intensité", pp. 102-103 (tradução nossa).
24. Claude Zilberberg, *Elementos de Semiótica Tensiva*, p. 60. O semioticista sugere, para a atenuação, as subdivisões "moderação" e "diminuição". Para a minimização, os termos "redução" e "extenuação".

leração: se fôssemos diretamente da extinção (somente *menos*) à saturação (somente *mais*) de uma grandeza ou de um conceito estaríamos aplicando a máxima aceleração; quando, nesse percurso, passamos pelo restabelecimento, recrudescimento e ainda por suas eventuais partições, estamos em franco processo de desaceleração e, por conseguinte, de alongamento. Portanto, a prosódia dá conta da *tonicidade* e do *andamento*: "em relação à prosódia, a intensidade, ao opor-se a si própria com suas elevações, seus degraus e seus descensos, com suas acelerações e desacelerações, controla o que chamaríamos de música do discurso ou ainda o discurso antes do discurso"[25]. Mas, pelo que vimos reiterando ao longo desse texto, a prosódia explícita do plano da expressão e a "prosódia imanente ao plano do conteúdo"[26] determinam ainda a *direção* (ascendente ou descendente) seguida pela grandeza que ingressa no espaço tensivo, além da *energia*, a dinâmica fórica, que a mobiliza em suas trajetórias.

GRAMÁTICA TENSIVA

Com todos esses novos recursos teóricos, o autor pôde então elaborar melhor sua gramática que explica a incidência do eixo da intensidade sobre o da extensidade. Agora, a categoria do andamento ganhara uma adjuvante de peso, a categoria da tonicidade. Quando ambas em seus pontos positivos extremos recaem sobre a extensidade, privilegiando, por exemplo, a concentração, temos como resultado não apenas a redução drástica da extensão

---

25. Claude Zilberberg, "Défense et illustration de l'intensité", p. 77 (tradução nossa).
26. Claude Zilberberg, "La dynamique du vers selon Mallarmé", p. 176 (tradução nossa).

propriamente dita por obra da rapidez, mas também uma considerável exclusão dos sentidos não pertinentes por obra do acento tônico que, segundo Cassirer, obscurece tudo em seu entorno. Trata-se aqui de uma das operações que o semioticista situa em sua sintaxe extensiva: a *triagem*. Se o acento não for incisivo e a atonia prevalecer na regência da extensidade, teremos imediatamente a perda do foco de sentido e a tendência óbvia à dispersão dos valores e dos conteúdos, campo propício para as operações de *mistura*, digamos, descomedida. O mecanismo habitual da triagem consiste na extração de uma grandeza ou de um valor e na consequente eliminação dos elementos indesejáveis, o que indica a influência de alta tonicidade na calibragem desses processos, mas também de muita rapidez, como é próprio dos procedimentos paradigmáticos. Já a mistura, em sua propensão geral para integrar outras grandezas e somar outros valores, depende, em princípio, do nivelamento de conteúdos desacentuados e, ao mesmo tempo, de maior morosidade para a conjunção progressiva dos elementos. O semioticista associa esse tipo comum de mistura à noção cassireriana de "profanação" e a submete à axiologia da pejoração[27].

Tais situações são casos de correlação inversa entre intensidade e extensidade, ou seja, o aumento da primeira categoria acarreta a diminuição da segunda (altas velocidade e tonicidade causam a concentração), enquanto a diminuição daquela produz o aumento desta (baixas velocidade e tonicidade causam a dispersão). Mas podemos ter casos de correlação conversa quando, por exemplo, a alta tonicidade incide sobre a alta extensidade, no caso, a mistura, mas, desta vez, trazendo critérios para se estabe-

---

27. Claude Zilberberg, "As Condições Semióticas da Mestiçagem", p. 89.

lecer a coexistência dos elementos selecionados. Em outras palavras, algo que é inerente à triagem (a seleção) pode, em algumas circunstâncias, também fazer parte da mistura: "as operações de mistura têm um limite, de certa forma, provisório: a uma dada altura, é preciso impedir qualquer adição suplementar, a fim de não obliterar, de não 'desnaturar' a identidade da mistura desejada"[28]. O autor francês não chega a justificar a mistura seletiva pela influência do acento tônico como fazemos aqui, mas identifica nesses casos a interferência de uma axiologia da melhoração. É um modo de acentuá-la, até porque o semioticista distingue esse tipo de mistura como uma forma de "enriquecimento".

Assim como temos aumentos e diminuições – ou processos de ascendência e descendência – no plano da intensidade, que nos permitem falar, por um lado, de restabelecimento seguido de recrudescimento e, por outro, de atenuação seguida de minimização, temos também, no plano da extensidade, esses extremos de triagem e de mistura. Podemos dizer que tanto uma como outra sofrem aumentos e diminuições em direções opostas: [mais triagem / menos mistura] ou [mais mistura / menos triagem]. Mas podemos acrescentar ainda que toda triagem está sujeita às ações da mistura e que toda mistura, em algum momento, será submetida à triagem. A atração que esses conceitos polares exercem, um sobre o outro, e os intervalos gradativos que estabelecem os seus movimentos de passagem estão na base do pensamento tensivo. Assim se expressa Zilberberg:

> Do mesmo modo como, para a gramática intensiva, o aumento e a diminuição convertem-se em objetos recíprocos, assim também, para a

---

28. *Idem*, p. 90.

gramática extensiva, a triagem e a mistura, disjuntas no sistema, tornam-se objetos mútuos no processo: o sujeito semiótico não pode evitar de triar misturas, visando a um valor de absoluto, e de misturar triagens, visando a um valor de universo[29].

GRAMÁTICA DA ESPERA

O que está em jogo, na verdade, é o aprimoramento gramatical da teoria. Se imaginarmos três conceitos dispostos numa estrutura elementar à maneira de Greimas, com S subsumindo s_1 e s_2, e escolhermos um de seus pontos extremos (s_2, por exemplo) como objeto principal de nossos estudos, teremos aí o fortalecimento de sua densidade conceitual que, em geral, coincide com o enfraquecimento parcial ou total do conceito oposto (s_1). Mas não é só isso que acontece. Como o extremo momentaneamente esvaziado faz parte da estrutura global e toda estrutura pressupõe, já vimos, um termo complexo (S) que garante a coexistência de ambos os pontos por conter seus traços comuns, tal esvaziamento manifesta-se como falta (no sentido narrativo), que, mais cedo ou mais tarde, terá de ser liquidada pelo sujeito. Um exemplo figurativo, já citado anteriormente, é o da linguística "científica" do século XX que, em seu auge investigativo, afastou de suas metas todas as nuances subjetivas atribuídas à antiga retórica ou à semântica clássica. A semiótica de Greimas adotou diversos princípios epistemológicos dessa linguística estrutural, no entanto, desde seus primeiros textos de implantação da teoria, já despontava um objeto oculto que, no fundo, representava a bus-

---

29. Claude Zilberberg, *Elementos de Semiótica Tensiva*, p. 122.

ca da subjetividade desaparecida dos modelos. Surgiram então numerosos estudos sobre as modalidades, as figuras passionais e as oscilações tensivas que se tornaram imprescindíveis para a semiótica de hoje.

Como por trás dos projetos teóricos há sempre o intuito de construção de modelos de previsibilidade, esse dinamismo estrutural, baseado na solidariedade dos termos opostos e na consciência de que o futuro objeto será sempre o elemento sublimado no presente – isso decorre bem mais de um amadurecimento científico do que de uma influência freudiana... –, já é parte do pensamento semiótico e metodológico atual mesmo quando se trata de estruturas microcósmicas. Desde o início de seu projeto tensivo, Zilberberg chamava a atenção para esse destino objetal dos conceitos extremos descartados:

> [...] quando o *andamento* e a *duração* adotam valores extremos que os tornam incompatíveis, o termo excluído torna-se o *objeto de falta* e o sujeito se transforma em sujeito patético, em *sujeito da espera*, e uma *narratividade forte* é mobilizada[30].

Assim, para o autor, "todo aumento esconde uma diminuição – e reciprocamente"[31], o que nos faz pensar que a direção assumida pelo sujeito ou por uma determinada grandeza sempre põe em jogo também a direção oposta, nem que esta precise de tempo para se manifestar. Os conceitos inacentuados num dado discurso tenderão a ser, embora não necessariamente, os mais enfatizados do discurso seguinte e assim por diante. O mesmo se dá no plano da extensidade. Podemos conceber uma exacerbação

---

30. Claude Zilberberg, "Pour une poétique de l'attention", p. 147 (tradução nossa).
31. Claude Zilberberg, "As Condições Semióticas da Mestiçagem", p. 78.

da triagem (triagem da triagem), mas essa recursividade só potencializa ainda mais a perspectiva da mistura que sempre permanecerá como horizonte possível e até provável. Tivemos, na história da canção brasileira, um exemplo bastante conhecido no meio musical. A bossa nova, célebre entre outras coisas por eliminar das composições boa parte dos recursos então considerados como excessivos, tanto do ponto de vista musical (diminuição do volume de voz, das curvas melódicas, dos timbres de acompanhamento, das notas dos acordes etc.) quanto do ponto de vista das letras (simplificação e desdramatização dos temas tratados), chegou o mais próximo possível de uma "canção absoluta"[32] praticando intensa triagem. Numa fase seguinte, artistas que se formaram na perspectiva desse movimento, como Caetano Veloso, Gilberto Gil e Tom Zé, fundam o tropicalismo, cujo projeto principal era conceber uma "canção universal", influenciada pela canção pop internacional, pela jovem guarda de Roberto Carlos, pela vanguarda literomusical, pelo folclore, pela música de rádio de todos os tempos, num grau de abrangência que poderia ser definida como mistura da mistura. Em nenhum momento, porém, os artistas citados renegaram a triagem promovida pela bossa nova; ao contrário, admitiam explicitamente que ambas as direções extensivas participavam do mesmo projeto de evolução da música brasileira. A diferença seria apenas de acento sobre a triagem, no primeiro caso, e, no segundo, sobre a mistura. Ora, sem nunca ter conhecido, a não ser eventualmente por ouvir falar, os dois movimentos emblemáticos da nossa cultura, Zilberberg formula a teoria que lhe é subjacente:

---

32. Tratamos desse tema em *O Século da Canção*, Cotia, Ateliê Editorial, pp. 100-101.

A sintaxe da extensidade operaria exclusivamente por *triagens* e *misturas*, de tal sorte que cada operação teria sempre a outra por objeto: a triagem recai sobre misturas que ela desfaz, na exata medida em que a mistura incide sobre as resultantes de triagens anteriores[33].

Voltamos, assim, à questão gramatical que paira sobre todas essas constatações. O fato de a escolha de um modo operatório (diminuição ou triagem) instaurar o modo contrário (aumento ou mistura) como objeto fornece mais elementos para a construção da gramática tensiva. E talvez o elemento principal seja o conceito de *espera*, tão bem explorado pela gramática narrativa. O sujeito espera por seu objeto, do mesmo modo que o verbo transitivo direto, nos termos da gramática linguística tradicional, produz a espera pelo objeto direto. A espera está sempre no âmago das gramáticas. Ao estudar do ponto de vista semiótico algumas figuras de linguagem, nosso autor conclui: "E tocamos provavelmente num dos componentes do segredo da *espera*: a síncope pede, *espera* a hipérbole, assim como a metáfora *espera* a metonímia. Ou o inverso"[34].

A relevância da espera está exatamente em criar uma previsibilidade gramatical que ajuda a robustecer o pensamento teórico. Sabendo disso, a semiótica de Greimas dedicou décadas de estudos ao papel da espera na construção do sentido pelo viés narrativo. Zilberberg participou desse interesse pelo conceito, mas, por isso mesmo, foi sendo aos poucos levado às noções que tomavam a direção oposta: a surpresa, o sobrevir e o acontecimento. Aliás, nenhuma delas sobreviveria à ausência da espera.

---

33. Claude Zilberberg, "As Condições Semióticas da Mestiçagem", p. 72.
34. Claude Zilberberg, "Pour une poétique de l'attention", p. 147 (tradução nossa).

EPÍLOGO

Não há dúvida de que Zilberberg aprendeu a "semiotizar" na leitura de Saussure, Hjelmslev e Greimas. Seu vasto interesse por literatura e pela estética em geral levou-o também ao pensamento não tão sistemático, mas altamente refinado, de Paul Valéry. A partir de então vislumbrou a possibilidade de trazer para a semiótica os princípios temporais que, ao ver do poeta francês, deveriam preceder toda reflexão séria sobre o sentido. Não somente Valéry, mas também diversos outros autores, com destaque para Baudelaire, Gaston Bachelard e Claude Lévi-Strauss, o levaram a construir um contraponto entre semiotização e musicalização: prosseguia assim a busca de um modelo para explicar a formação do sentido, mas agora com participação de categorias dinâmicas que lhe permitiam falar de "estrutura tensiva"[35], algo inconcebível nos primórdios da semiótica. Sua teoria incorporou então noções como as de "ritmo", "velocidade", "duração" e "acento". Este último, importado da música mas também do plano da expressão da linguagem verbal, trouxe-lhe o impulso necessário para que propusesse por fim a prosodização do conteúdo que vimos atrás, não sem antes fundamentar sua hipótese nos ensinamentos de Ernst Cassirer, filósofo que em seus estudos sobre a linguagem e o mito já havia chegado a um conceito bastante elaborado de acento no plano da significação.

Mas faltava o encontro com a obra de Gisèle Brelet descrito no início deste capítulo. No campo da música, ela também havia

---

35. Termos até então antagônicos, mas que acabaram se integrando no título do último livro do semioticista: *La structure tensive*, lançado em 2012.

pensado na *espera* como um, digamos, sentimento gramatical: "Desse modo, *a espera é o sentimento formal e central*, aquele que subjaz continuamente à forma sonora [...]"[36].

Mas ainda não existia a semiótica de Greimas na França.

---

36. Gisèle Brelet, *Le temps musical*..., p. 572 (tradução nossa).

4. CLAUDE ZILBERBERG E A PROSODIZAÇÃO DA SEMIÓTICA

ENTRE A RAZÃO E A POÉTICA

Reconhecido como um dos principais pesquisadores da semiótica greimasiana, Claude Zilberberg, à maneira de *Janus*, a divindade romana, manteve sempre uma face voltada para os antecedentes da teoria e outra mirando um futuro que dependia justamente do sucesso da sua própria intervenção nessa ciência. O mesmo entusiasmo com que durante pelo menos três décadas lançou novos conceitos a cada artigo publicado serviu também para promover uma busca incessante de respaldo epistemológico às tais novidades, sobretudo nos fundamentos linguísticos e estruturais que deram origem ao projeto semiótico. Não sendo suficiente, o autor procurava o apoio de pensadores de diversas áreas e épocas que tivessem de algum modo manifestado o mesmo gênero de preocupação com o *sentido*, em especial aqueles comprometidos com a reflexão poética e artística. Aliás, eterno apaixonado pela razão e pela poética, Zilberberg começou descrevendo essa última com os instrumentos típicos da racionalidade semiótica[1] até que, num determinado momento, inverteu o processo e passou a reconstruir a teoria à luz das dinâmicas tensivas sugeridas pela poesia, pela música e pelas artes em geral[2].

Embora tenha chegado a uma concepção teórica bastante pessoal, de certo modo distante dos princípios basilares da semiótica de Greimas (representados, por exemplo, pelo percurso gerativo e pelo esquema narrativo), Zilberberg jamais se posicionou como dissidente da proposta inicial fundada pelo autor lituano. Costumava dizer que apenas trazia um novo ponto de vista para o enriquecimento de uma teoria cuja ambição era nada menos que compreender melhor a construção do sentido. Apreciava o engenho do modelo descritivo consolidado no *Dicionário de Semiótica*, mas sentia que o pensamento analítico utilizado para gerar suas categorias narrativas e discursivas não contemplava os conteúdos emocionais e as oscilações de afeto que participavam de quase todos os textos, especialmente os de natureza artística.

O interesse do semioticista francês pelas artes poderia ter adoçado sua linguagem de pesquisador, como ocorria em geral com os teóricos que se devotavam à estética (o exemplo mais próximo na década de 1970 era o de Roland Barthes), mas, ao contrário, quanto mais introduzia o horizonte poético nos estudos semióticos mais imbuía-se das ideias de Ferdinand de Saussure e do estruturalismo radical de Louis Hjelmslev e Viggo Brøndal, exigindo de seus leitores uma iniciação pouco comum mesmo no mundo teórico. Essa característica ainda permaneceu nos últi-

---

1. Um de seus primeiros trabalhos de fôlego foi uma análise semiótica da obra de C. Baudelaire, *Une lecture des* Fleurs du Mal, Paris, Mame, 1972.
2. Basta dizer que entre os principais parâmetros de seu modelo tensivo constam o andamento e a tonicidade.

mos escritos de Zilberberg, embora seu esforço final de sintetização e coerentização do modelo tensivo tenha demonstrado certa independência desses grandes linguistas e, na medida do possível, alguma autonomia na formulação dos princípios diretores do seu projeto. Essa nova condição pode ser claramente depreendida da leitura de suas obras derradeiras, particularmente, *Elementos de Semiótica Tensiva* e *La structure tensive*, assim como da proposta de formação progressiva de um glossário dedicado à sua metalinguagem específica.

Na entrada dos anos 1980, quando Greimas e seus assistentes mais próximos começaram a considerar a possibilidade de estudar seriamente os fenômenos perceptivos e os estados sensíveis que constituíam o universo passional do sujeito semiótico, Zilberberg já vislumbrava um plano mais abstrato contendo os limites e os graus pressupostos pelas noções modais e actanciais do nível narrativo. Chegou a publicar um livro, em 1981[3], que adicionava ao modelo padrão algumas dezenas de verbos com funções modais para cobrir parte desse fluxo modulatório responsável pelas demarcações e segmentações do sentido. Acostumada a operar com algo em torno de seis ou sete verbos modais, a pequena comunidade semiótica não via como absorver aquela profusão de metapredicados e intencionalidades que perdia, por falta de economia metodológica, o seu valor operacional. O próprio pesquisador logo trocou a reprodução difusa dos conceitos pela concepção de um plano específico para o estudo desses fluxos ondulatórios que ora se contraíam, ora se dispersavam, dependendo do grau de intensidade a que estavam sujeitos no decorrer de um ato enunciativo.

A necessidade de instituir um enfoque tensivo no âmago da teoria começava então a tomar corpo. Uma única noção, porém,

---

3. *Essai sur les modalités tensives*, Amsterdam, J. Benjamins, coll. "Pragmatics & Beyond".

dava ensejo a esse tipo de investigação no interior da malha conceitual já consagrada pela semiótica: a *timia*. Essa "disposição afetiva fundamental"[4] tornou-se uma entrada, ainda que "tímida", no mundo subjetivo do ser semiótico, a partir da sua percepção dos fenômenos exteroceptivos e de sua integração numa esfera axiológica da sociedade. Sob a égide dessa categoria tímica, a teoria semiótica classificava as dêixis contrárias do quadrado semiótico como eufóricas ou disfóricas, mas não se permitia ir além desse semantismo bastante vago. Para Zilberberg, esse canal de ingresso na subjetividade foi suficiente para que retomasse em outras bases a conhecida tese do isomorfismo entre forma de expressão e forma do conteúdo[5], agora não mais pelo levantamento dos traços fonêmicos ou sêmicos, mas, sim, pela adoção, nos dois planos da linguagem, de critérios prosódicos. Sua investigação começou justamente por uma avaliação teórica do universo tímico: "O timismo seria estruturalmente prosódico e se manifestaria tanto sob a forma da acentuação quanto da modulação"[6]. Em seguida, criou para si um projeto que denominou "prosodização do conteúdo"[7], cujo desenvolvimento o levou até a publicação de *La structure tensive*.

RESOLUÇÃO DA FORIA

Nos últimos anos da década de 1980, Greimas e seus colaboradores mais próximos já vinham utilizando progressivamente

---

4. Algirdas Julien Greimas e Joseph Courtés, *Dicionário de Semiótica*, p. 505.
5. Louis Hjelmslev, *Prolegômenos a uma Teoria da Linguagem*, p. 62.
6. Claude Zilberberg, "Défense et illustration de l'intensité", p. 104 (tradução nossa).
7. Claude Zilberberg, "Esquisse d'une grammaire du sublime chez Longin", p. 104 (tradução nossa); Jacques Fontanille e Claude Zilberberg, *Tensão e Significação*, p. 151.

o conceito de *foria* nos contextos discursivos antes reservados à noção de timia, não apenas pela evidente motivação morfológica – afinal essa categoria articulava-se em euforia e disforia –, mas também por seu sentido original associado a uma "força para levar adiante", o que poderia explicar o ímpeto manifestado pelo sujeito quando altamente sensibilizado num determinado estado passional. Ao lado das oscilações tensivas, reservadas à percepção do ser semiótico, a foria daria conta principalmente dos casos extremos, em que os aspectos sensíveis retirassem do sujeito o controle da situação ou a capacidade de sustentar a própria racionalidade. Greimas havia examinado diversos casos dessa natureza no âmbito da literatura ao escrever sua última obra exclusiva, a já comentada *Da Imperfeição*. Nessa ocasião, caracterizou-os como experiências extraordinárias que provocavam uma fratura no discurso e remetiam o sujeito para lugares imprevisíveis onde os sentimentos superavam as medidas da percepção. Essa ideia foi definitivamente incorporada à teoria geral no livro *Semiótica das Paixões*, lançado poucos anos depois por Greimas e Fontanille[8].

Participante ativo dos seminários conduzidos por Greimas, Zilberberg abraçou o conceito de foria não apenas na acepção adotada pela equipe, mas sobretudo como uma espécie de matriz da aspectualização que, segundo os seus estudos, teria precedência lógica em relação aos níveis narrativo e discursivo. A continuidade fórica foi sempre concebida pelo autor como sequências entoativas direcionadas ora à tensão, ora ao relaxamento, algo semelhante à cadência rítmico-melódica da frase que a retórica dividia em prótase e apódose, mas também como fluxo portador de saliências e "passâncias", homologáveis respectivamen-

---

8. Algirdas Julien Greimas e Jacques Fontanille, *Semiótica das Paixões*, p. 18.

te às noções de *intenso* e *extenso*, no sentido formulado por L. Hjelmslev[9]. É nessa última acepção que Zilberberg investe anos de sua pesquisa mostrando a interação dialética entre elementos locais, compactos e "implosivos" (acentuais, no plano da expressão, e nominalizantes, no plano do conteúdo, ambos intensos segundo Hjelmslev) e elementos globais, difusos e "explosivos" (modulatórios, no plano da expressão, e verbalizantes, no plano do conteúdo, ambos extensos para o dinamarquês), os primeiros elementos definindo a concentração espacial e a espera temporal que tendem necessariamente à processualização, e os demais definindo o desdobramento e a expansão sintagmática que ocupam a cena com seus movimentos sinuosos ou seus torneios explicativos, mas que tendem a gerar nova contração tônica ou nova síntese. Trataremos especialmente disso no sexto capítulo.

Portanto, a foria de Zilberberg já traz valores de limite ou demarcação que funcionam ao lado de valores de fluxo ou continuidade, o que permitiu que o teórico propusesse em meado dos anos 1980 um nível do percurso gerativo especificamente reservado ao "fazer missivo"[10]. Entre as tensões que mobilizam a foria e os valores contínuos ou descontínuos inscritos nas modalidades – consideradas pelo autor também como um nível à parte –, teríamos então as escolhas missivas do enunciador contemplando ora o fazer remissivo, com suas paradas, concentrações e consciência temporal (espera ou reminiscência), ora o fazer emissivo, com suas difusões, retomadas do curso narrativo e ocupações espaciais. Esse texto deixa claro que as modalidades pressupõem valores missivos, mais abstratos, que respondem por seu funcio-

---
9. *Le langage*, p. 145.
10. Claude Zilberberg, *Razão e Poética do Sentido*, pp. 129-147.

namento aspectual. São os valores emissivos, por exemplo, que definem a incoatividade própria do *querer* ou mesmo a capacidade de prosseguir própria do *poder*, assim como, por outro lado, os valores remissivos instruem a interrupção promovida por um *dever* ético e até as avaliações periódicas ou terminais praticadas pelo *saber*. Do mesmo modo, no nível narrativo, as relações entre os actantes destinador e destinatário em busca de acordo são puras manifestações do fazer emissivo, bem como as interações entre sujeito e objeto, em especial quando essa última função é a parte faltante para que o sujeito complete sua identidade. No entanto, essas mesmas relações, subjetais e objetais, podem ser regidas pelo fazer remissivo, de modo que teríamos então, de um lado, rupturas polêmicas entre sujeito e antissujeito e, de outro, descontinuidade entre sujeito e objeto, o que pode fazer desse último um abjeto.

A importância desse capítulo, divisor de águas na carreira do semioticista, confirma-se não apenas pelo teor inusitado da proposta, mas também por algumas ocorrências pragmáticas que estiveram associadas à sua produção. O autor chegou a preparar e publicar três versões desse texto até encontrar o formato ideal que se consagrou como capítulo do livro *Razão e Poética do Sentido*. Na primeira, lançou a ideia que comentamos acima sob o título "Immanence et transcendence du polémique", no *Bulletin* do Groupe de Recherches Sémio-linguistiques, em 1984. Dois anos depois, já com o título definitivo, publicou a versão mais extensa desse trabalho na revista canadense RSSI. Empolgado com as descobertas obtidas no tratamento das noções de tempo e espaço subjetivos, Zilberberg enviou o texto original para a apreciação do filósofo Paul Ricœur. A leitura atenta e interessada desse pensador converteu-se em carta de resposta ao semioticista, o qual, imediatamente, providenciou sua publicação como uma espécie de posfácio ao seu artigo no volume 6 da revista mencionada. Era a sanção de que precisava numa fase em que suas ideias e seu modo de escrever pareciam demasiadamente afastados da tradição semiótica.

De fato, o fazer missivo converteu-se na melhor explicação analítica da noção de foria. Tratava-se, então, de um fluxo orientado e acidentado que alternava seus "afluxos" com momentos de "refluxo" e que servia de ponto de partida para a compreensão da semiose inerente à construção do sentido, tendo em vista que tais características eram encontradas tanto no plano da expressão quanto no plano do conteúdo. Esse viés significa, por outro lado, que a face de Zilberberg voltada ao passado jamais se satisfez com o padrão de abordagem do conceito de foria adotado pela semiótica de então, bastante comprometido com o universo passional do sujeito, mas distante da epistemologia linguística que gerou a teoria como um todo. Para Greimas e Fontanille, a foria trazia um complemento à tensividade, pois era capaz de expressar, ao lado da percepção, um sentir global oriundo do próprio "corpo" do sujeito semiótico, principalmente nas situações extremas em que ainda não se manifesta a mediação cognitiva. Ora, para o criador do enfoque tensivo, a noção de foria tinha uma procedência mais técnica e seus componentes principais já estavam projetados no modelo da silabação de F. de Saussure. Essa perspectiva é a base do que já foi definido aqui como prosodização do conteúdo.

SEMIÓTICA DA SILABAÇÃO

A consecução silábica manifesta-se pela alternância de seus constituintes fundamentais, a implosão (>) e a explosão (<), ao longo da cadeia falada. O primeiro retrata o inevitável fechamento da sonoridade logo após o seu pico de abertura e o segundo, a tendência à abertura assim que a série fônica atinge seu maior grau de fechamento. O mais importante é que esses constituintes são definidos por suas funções mútuas e contextuais na sequência sonora da linguagem e não pelos fonemas já conhecidos previamente como vogais e consoantes. Saussure ilustra o seu raciocínio demonstrando que a vogal "i" pode exercer a função de soante em "fidalgo" (f$^<$i$^>$d$^<$...), mas pode também operar como consoante em "piegas" (p$^<$i$^<$e$^>$g$^<$...), já que neste caso a função de soante recai sobre "e" ou, mais precisamente, sobre o "ε"[11]. No início de "piegas", encontramos um *elo explosivo* (<<), isto é, uma gradação que conduz à explosão máxima nesse contexto (em "ε"), mas podemos também ter um *elo implosivo* (>>), como acontece no interior da palavra "porta" (p$^<$o$^>$r$^>$t$^<$a$^>$), que perfaz a gradação contrária em direção ao fechamento máximo. Foram essas micro-orientações indicadas pelos elos, somadas às evoluções entoativas sugeridas pela prótase e pela apódose, que instigaram Zilberberg a propor as noções de ascendência e descendência (tratadas adiante) para explicar, no plano do conteúdo, as direções tensivas, do *menos* ao *mais* e vice-versa.

Sabe-se ainda que, de acordo com Saussure, a passagem da implosão para a explosão (> | <) provoca o efeito de fronteira de sílaba, ou seja, de fechamento seguido de abertura da sonoridade, o que, no plano das quantificações subjetivas do conteúdo, poderia equivaler à transição do *somente menos* ao *menos menos* ou diretamente ao *mais mais*. Por outro lado, a passagem da explosão para a implosão (< >) responde pelo efeito de ponto vocálico, de abertura seguida de fechamento, o que, no plano

---

11. Ferdinand de Saussure, *Curso de Linguística Geral*, p. 71.

do conteúdo pode representar a transição do *somente mais* ao *menos mais* ou diretamente ao *mais menos*, conforme veremos mais adiante na figura 2, página 109. O semioticista concebe essa silabação não apenas como uma aspectualização profunda – gerando, como vimos, a modalização, a actancialização e os processos discursivos – mas, sobretudo, como a mais genuína expressão prosódica (acento e modulação) do que ocorre nas alternâncias direcionais do conteúdo, formuladas como esquemas ascendentes e descendentes, e nas correlações inversas entre intensidade e extensidade. Vejamos como se dá essa concepção.

A primeira implosão[12] traz consigo a função de soante que coincide com o auge do ponto vocálico. Na perspectiva prosódica, esse ponto refere-se ao acento. O fechamento da sonoridade próprio da implosão (>) realiza, no plano da expressão, o que o *assomo*, ou a *parada* fórica, ocasiona no plano do conteúdo: sobrevém com intensidade no campo de presença como se fosse o clímax de um esquema ascendente. Os trechos literários descritos por Greimas em *Da Imperfeição* retratam exatamente esse momento implosivo, esse assomo, que fratura o cotidiano do sujeito e que pede imediata *resolução* cognitiva. Essa última responde pela *parada da parada*, expressão engenhosa do autor francês para designar o processo de extensão, resolução e explicação que desfaz o impacto do fenômeno inesperado. Se voltarmos ao plano da expressão e às regras da silabação, estaremos aqui na fase explosiva (<) em que ocorre a abertura da sonoridade. Se retomarmos o ponto de vista prosódico, estaremos em plena modulação. Tais processos descrevem o esquema descendente

---

12. Dizemos primeira implosão porque pode haver outras na mesma sequência, como vimos no caso do elo implosivo.

cujas operações extensivas contribuem para diluir o choque provocado pelo acontecimento que irrompe com relevância na vida do sujeito. Essas relações definem, segundo Zilberberg, o isomorfismo entre os planos da linguagem. Acento e modulação correspondem a assomo e resolução. A complexidade tensiva da silabação é notória quando verificamos que a implosão (ou acento, ou assomo) caracteriza-se por concentrar a extensidade e aumentar a intensidade, enquanto a explosão (ou modulação, ou resolução), retrata a expansão da extensidade como forma de diluição da rapidez e da tonicidade. Se a prosódia regula o ritmo entre acento e modulação, a consistência[13] regula a sintaxe entre intensidade e extensidade. Quando deparamos com os conhecidos diagramas tensivos expressando as correlações entre dimensões intensiva e extensiva nem sempre nos damos conta de que esse modelo paradigmático advém de um pensamento temporal e sintagmático projetado por Saussure na célebre silabação. A parada prevista pela implosão define a área acentual no plano da expressão e os valores de absoluto no plano do conteúdo, bem como o ápice da direção ascendente em ambos os planos; a resolução (ou parada da parada) prevista pela explosão define a área modulatória no primeiro plano e os valores de universo[14] no segundo, além de partir para a difusão e mistura dos valores próprias da direção

---

13. Esse conceito aparece em Fontanille e Zilberberg, *Tensão e Significação*, p. 118, mas até o presente não se consolidou na teoria tensiva.
14. Os valores de absoluto são gerados pelas grandezas que ingressam no campo de presença causando impacto do ponto de vista da intensidade e concentração do ponto de vista da extensidade. Ao contrário, as grandezas que surgem no cruzamento da tenuidade com a difusão produzem os valores de universo, pois combinam pouca intensidade com alto grau de abrangência.

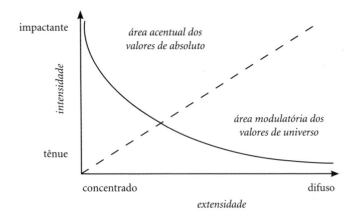

Figura 1. Áreas Tensivas

descendente. Esse quadro passou a representar o enfoque tensivo das duas últimas décadas (Figura 1).

Portanto, para Zilberberg, é a silabação que cria o tempo gerador da forma semiótica, assim como o ponto de vista teórico cria o objeto de investigação na famosa formulação de Saussure[15]. Pois, em trabalhos distintos, o semioticista francês não hesita em dizer que tanto o ponto de vista quanto a silabação constituem uma *poiese*[16], ao que acrescentamos, na história da linguística e da semiótica.

ESPAÇO TENSIVO

Evidente que o isomorfismo não se manifesta sem as necessárias adaptações à natureza de ambos os planos da linguagem.

---

15. Ferdinand de Saussure, *Curso de Linguística Geral*, p. 15.
16. Claude Zilberberg, "Retour a Saussure?", p. 38 e *Razão e Poética do Sentindo*, p. 25.

O mundo fórico, ou tímico, apresenta apressamentos e retardos, por exemplo, que o diferem do encadeamento ordenado e "frio" das unidades silábicas. Além da simples contenção de um processo (parada da continuação) no plano do conteúdo, podemos ter sua retenção (continuação da parada) por tempo indeterminado até que chegue uma nova distensão (parada da parada) para recobrar a continuidade suspensa. Nesse ponto, Zilberberg sempre se serviu das ideias de Paul Valéry que distinguem o sujeito surpreso (atrasado em relação ao objeto inesperado) do sujeito da espera (adiantado em relação a um objeto ainda não alcançado) e sublinham as diferenças de ritmo das duas abordagens: "Enquanto na sílaba saussuriana implosão e explosão estão em relação de consecução, a explosão ou a resolução tímica podem ser diferenciadas, atardadas, por intercalação de um tempo particular, o tempo da espera"[17].

Considerando que o sujeito da espera – e seu correlato objetal, o exercício – já experimentou décadas de glória no campo narratológico da pesquisa semiótica, o interesse do autor francês orientou-se cada vez mais para o sujeito "surpreso" e para a área dos valores de absoluto onde foi situado também o conceito de acontecimento. Por isso, durante certo tempo, as principais categorias selecionadas como critério de análise tensiva foram o *andamento*, a *duração* e o *espaço*. Afinal, o que define um acontecimento senão o seu ingresso veloz num campo de presença, reduzindo ao mínimo tanto a duração quanto o espaço subjetivo de um sujeito implicado? Com o passar dos anos, porém, motivado pela definição da palavra "acontecimento" em francês (événement: "ce qui arrive et qui a de l'importance pour l'homme"

---

17. Claude Zilberberg, "Défense et illustration de l'intensité", p. 104 (tradução nossa).

[acontecimento: "aquilo que irrompe e que tem importância para o homem"] – *Micro-Robert*), Zilberberg sentiu necessidade de associar à categoria do andamento ("ce qui arrive...", com seu traço de imprevisibilidade repentina – veloz, portanto) um outro parâmetro, específico para a tonicidade que está implícita na expressão "qui a de l'importance pour l'homme"[18]. A partir de então, a intensidade ganhou duas subdimensões, o *andamento* e a *tonicidade*, e o estatuto de categoria regente, enquanto a extensidade permaneceu com a *espacialidade* e, no lugar da duração, foi inserida a noção de *temporalidade*, ambas as subdimensões com estatuto de categoria regida.

Ao atingir esse estágio da teoria, Zilberberg já havia descartado dois pilares da semiótica padrão, ainda que jamais reconhecesse, como já dissemos, seu desligamento das principais referências greimasianas. Afastara de suas análises tanto o percurso gerativo como o esquema narrativo. Depois das insistentes tentativas para introduzir o nível missivo (ou aspectual) entre os níveis tensivo (ou fórico) e modal do percurso gerativo[19], todos esses considerados anteriores, em termos lógicos, aos tradicionais níveis narrativo e discursivo – que marcaram os principais trabalhos semióticos realizados nas décadas de 1970 e 1980 –, o autor francês manteve os recursos da pressuposição conceitual, mais à maneira de Hjelmslev que de Greimas, e dispensou as noções de conversão ou manifestação gradativa dos níveis de significação.

18. Claude Zilberberg, *Elementos de Semiótica Tensiva*, p. 170.
19. Além do capítulo seminal já comentado ("Para Introduzir o Fazer Missivo"), Zilberberg dedicou pelo menos três estudos ao tema do percurso gerativo: "Conversion et réversion" in Parret H. et Ruprecht, H.-G. *Exigences et perspectives de la sémiotique*, Amsterdã, John Benjamins, 1985; os verbetes "Génératif" e "Transvaluation" A. J. Greimas e J. Courtés, *Sémiotique: dictionnaire raisonné de la théorie du langage*, II, Paris, Hachette, 1986; e "Modalités et pensée modale", *Nouveaux actes sémiotiques*, 3, 1989.

Além disso, repetiu em diversas oportunidades que a narrativa não possui o grau de abrangência que a semiótica por muitos anos lhe atribuiu nem a prerrogativa de representar teoricamente o "sentido da vida". Lembrava ainda que Greimas, em sua fase derradeira, recomendava "sair de Propp"[20] e considerar a narrativa como apenas um dos caminhos possíveis do sentido.

O progressivo abandono dos esquemas actanciais por Zilberberg foi sempre proporcional ao seu interesse cada vez maior pelo acontecimento. Em vez da ideia de existência por narrativas, o semioticista sublinha uma passagem de Valéry[21] na qual o poeta postula uma "existência por acontecimentos", como, por exemplo, se as experiências extraordinárias descritas em *Da Imperfeição* pudessem ser cotidianas e as ressemantizações não fossem mais que manifestações da prosodização do conteúdo[22]. Todo objeto de estudo passa então a ser avaliado pelo seu modo de presença no espaço tensivo, isto é, pelos valores adquiridos no cruzamento das dimensões e subdimensões definidas como intensidade e extensidade:

[...] pela epistemologia própria à semiótica tensiva, a descrição de uma grandeza só é possível a partir de sua inserção no espaço tensivo. A questão se coloca por si mesma: quais são as dinâmicas intensivas, isto é, de *andamento* e *tonicidade*, e as dinâmicas extensivas, ou seja, de *temporalidade* e *espacialidade*, que o acontecimento, por assim dizer, faz *vibrar*?[23]

Se é próprio do acontecimento suspender a ação em favor da sensação superlativa vivenciada pelo sujeito, o período narrativo

---

20. Claude Zilberberg, *Elementos de Semiótica Tensiva*, p. 270.
21. *Cahiers*, tome I, p. 1168.
22. Claude Zilberberg, "Esquisse d'une grammaire du sublime chez Longin", p. 121.
23. Claude Zilberberg, "Síntese da Gramática Tensiva", pp. 197-198.

será sempre uma fase posterior de desaceleração e recuperação progressiva do controle sobre a temporalidade. Aliás, a temporalidade constitui, para Zilberberg, a própria matriz da tensividade, ou seja, é o que subsiste em nossa mente toda vez que deparamos com a disjunção. Se depreendemos rupturas e retomadas num determinado processo é porque o ritmo está presente em nosso pensamento; se separamos o significante do significado é porque a noção de signo nos permite conceber essa dualidade; se isolamos alguns momentos da vida é porque o restante do tempo nos serve de respaldo. Enfim, o tempo pode ser ele próprio – o que se conserva quando pensamos em passado, presente e futuro –, mas pode ser também o "ritmo" ou o "signo" dos exemplos anteriores. A etapa de resolução e desaceleração que sucede o acontecimento corresponde à restauração da temporalidade (ou da razão), quase ou inteiramente anulada pelo que sobreveio inesperadamente.

GRAMATICALIZAÇÃO DO ACONTECIMENTO

Portanto, a temporalidade para o semioticista é o elemento que recompõe a identidade desfeita pela análise estrutural. É o que sutura as diferenças e as interrupções em nome de um contínuo progressivo ou degressivo, a depender da etapa examinada. Por abarcar as descontinuidades da estrutura e as identidades do fluxo temporal, a tensividade passou a ser o conceito-chave da descrição semiótica, pois garante a indivisibilidade nas circunstâncias de divisibilidade e vice-versa. Todavia, nem sempre os recursos tensivos desvelam as junções subjacentes às oposições discursivas, sobretudo em se tratando de experiências raras ou de extrema comoção. Em outras palavras, os acontecimentos podem irromper com tanta velocidade e tonicidade que desaparecem seus possíveis elos implicativos e causais com os demais elementos do campo de presença. Mesmo nesses casos-limite, Zilberberg vislumbra uma "junção resistente", já que persiste até nas disjunções radicais, a que chama de *concessão*[24]. Bem mais que uma simples figura de retórica, esse conceito torna-se crucial quando se pensa na viabilidade de uma semiótica do acontecimento.

A ideia de concessão abriu uma possibilidade concreta para a gramaticalização do acontecimento. Ao contrário da narrativa, baseada na noção de espera e na observância das regras actanciais, o acontecimento foi sempre tratado como um objeto acidental e inapreensível por leis que estabeleçam previsibilidade. No entanto, a existência do pensamento concessivo concentrada nas partículas gramaticais da linguagem diária, como "embora", "ainda que", "apesar de" etc., indica que a subversão do nosso paradigma anterior e a possibilidade de aproximarmos fatos e conceitos aparentemente inconciliáveis são recursos tão usuais quanto os que geram a coerência do pensamento implicativo, fundada no "porque", "portanto", "então" ou qualquer outro conector de causas e consequências imediatas. O que falta é a devida semiotização de todas essas partículas.

No fundo, a concessão é o processo semiótico que descreve o valor tensivo de uma grandeza formada no cruzamento da alta velocidade com a extensidade concentrada. É esse o ponto de interseção que se manifesta como acontecimento na área acentual da figura 1 deste capítulo. Caso caracterizássemos a área de surgimento dessa grandeza no vértice de uma velocidade lenta com uma extensidade difusa, portanto, na área modulatória, poderíamos ter a manifesta-

---

24. Claude Zilberberg, "Signification et prosodie dans la dialectique de la durée de G. Bachelard", p. 114.

ção do que Zilberberg chamou de *exercício*, processo típico do discurso implicativo. Diria ainda o semioticista que há homogeneidade entre as junções "de direito" e "de fato" quando promovidas por esse último discurso. Já o discurso concessivo propõe uma junção "de fato" nos contextos em que, "de direito", ela não existe.

Pensemos numa frase banal: "ele não comprou o imóvel porque lhe faltava o dinheiro". Há uma lógica implicativa que une automaticamente o trecho final da frase (falta do dinheiro) com o seu segmento inicial (não-compra do imóvel) e que aponta para a plena harmonia entre o universo da regra ou do consenso ("de direito") e o do acontecimento ("de fato"). Em outra versão, desta vez concessiva, a frase poderia ser: "ele comprou o imóvel embora lhe faltasse o dinheiro". Ao mesmo tempo que retira a solidariedade de base entre os dois segmentos da frase, a concessão propõe uma junção inesperada (falta do dinheiro + compra do imóvel), pois pressupõe a separação do mundo "de direito" e o mundo "de fato", além de, nesse caso, ressaltar a hegemonia do último sobre o primeiro. O que ocorre em frases simples como essas pode ser encontrado em textos complexos, normalmente de forma camuflada, mas oferecendo todas as indicações para a reconstrução do semioticista. Por isso, insistimos no fato de que Zilberberg descobriu nas operações concessivas a gramática do acontecimento.

Isso gerou algumas hesitações teóricas nos textos recentes do criador da "estrutura tensiva". Às vezes, o par implicativo / concessivo aparece como articulação do "modo de junção". Outras, como forma gramatical de inclusão e exclusão de grandezas no campo de presença, portanto, como articulação de uma "sintaxe juntiva". Talvez, no nosso entender, essa última acepção acabe prevalecendo, já que é a partir da sintaxe concessiva e implicativa que podemos depreender o modo de eficiência (a maneira pela qual uma grandeza penetra no campo de presença) e dele extrair o estilo semiótico em destaque, baseado ora no *sobrevir*, espécie de realização súbita do irrealizável, claramente concessiva, ora no *pervir*, espécie de desdobramento modulatório e gradativo do conteúdo, facilmente identificado com o pensamento implicativo. Considerando ainda que o sobrevir determina a *apreensão* sensível do ser semiótico, enquanto o pervir controla a relação do sujeito e seus preparativos com o objeto em *foco*, ambas as categorias (apreensão e foco) articulando o modo de existência concebido por Zilberberg, pode-se dizer que tudo decorre da sintaxe juntiva de origem.

DIREÇÕES ASCENDENTE E DESCENDENTE

Ao lado dessa sintaxe e em plena interação com ela, Zilberberg concebeu também uma sintaxe intensiva para se avaliar as orientações de conteúdo e suas resultantes progressivas ou degressivas. Assim como, no plano da expressão de uma língua natural, a forma se adapta à linearidade exigida pela substância, no plano do conteúdo, a forma também funciona sob a influência das direções ascendentes e descendentes que se manifestam em sua substância[25]. Todas as grandezas que entram num determinado espaço tensivo recebem uma cifra indicando o seu grau relativo de tonicidade e andamento, bem como o seu grau de abrangência num dado universo de sentido. Se leio a notícia de que acaba de sair o melhor livro do ano sobre cultura brasileira, depreendo sinais de velocidade acentuada ("acaba de sair") além de informações sobre o alto índice de tonicidade do objeto anun-

---

25. Claude Zilberberg, *Razão e Poética do Sentido*, p. 186.

ciado aliadas à revelação de um processo de triagem já efetuado no âmbito bibliográfico ("melhor livro"). Encontram-se assim garantidas as cifras tensivas do produto anunciado: seu caráter recente, sua relevância (ponto de vista intensivo) e sua singularidade (ponto de vista extensivo). Posso ler outra matéria sobre o mesmo livro que reconhece suas qualidades, mas realça os seus limites diante de outros trabalhos da área mais elaborados. Percebo, então, nesse instante, que a primeira notícia havia atingido o ponto máximo da positividade ou da ascendência (o acento, a implosão), ao passo que a segunda matéria já relativizava aquelas impressões atenuando tanto o impacto da informação como a seleção da obra em seu conjunto temático, inaugurando, desse modo, a direção descendente (a modulação, a explosão).

Para traduzir essas, digamos, sutilezas quantitativas, o autor francês introduz os "incrementos" *mais* e *menos*[26], já chamados metaforicamente de "sílabas tensivas"[27], partículas que produzem acréscimos e decréscimos de conteúdo a partir de suas simples combinações. Por exemplo, a combinação de *mais* com *mais* (*mais mais*) produz o "recrudescimento" de uma qualidade ou de uma grandeza. Se houver saturação de *mais* (somente *mais*), a continuação do processo só pode ser degressiva com a retirada de uma pequena porção desse *mais* (*menos mais*), operação lexicalizada como "atenuação". As duas matérias sobre o suposto livro lançado ilustram a exacerbação da ascendência seguida de sua atenuação, já num regime descendente. Mas posso ainda ler uma resenha crítica que deprecia a obra hipotética equiparando-a ao que há de mais banal na literatura sobre o país. Essa diminuição

---

26. Claude Zilberberg, *La structure tensive*, p. 51.
27. Claude Zilberberg, *Elementos de Semiótica Tensiva*, p. 253 e *La structure tensive*, p. 66.

drástica do seu grau de importância (intensidade) combinada com sua inclusão entre numerosos livros do mesmo gênero (extensidade) soam não apenas como subtração de *mais*, mas principalmente como acréscimo de *menos* (*mais menos*), caso típico da "minimização". Se um crítico ainda mais severo "reduzir a nada" a publicação, como se diz algumas vezes, atingiremos o limite negativo (somente *menos*), a partir do qual só se pode evoluir retirando, agora, uma porção desse *menos* (*menos menos*). É quando se diz, por exemplo, que o livro não deve ser desprezado pois que, lido em outra chave, traz algum esclarecimento para a compreensão da nossa cultura. Essa avaliação que se mantém numa faixa negativa, mas inicia um processo ascendente, é denominada "restabelecimento", cujo progresso pode atingir novamente a faixa positiva e as manifestações elogiosas típicas do recrudescimento. E assim por diante. Propomos expressar o encadeamento dessas verdadeiras modulações aspectuais no quadro abaixo (v. fig. 2):

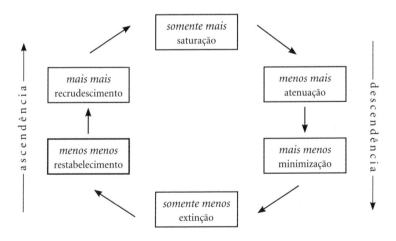

Figura 2. Direções Tensivas

PENSAMENTO CONCESSIVO

Na realidade, as direções tensivas indicadas pelas flechas perfazem uma evolução implicativa muito próxima da sintaxe sugerida pela silabação: o elo implosivo leva ao fechamento da sonoridade que, necessariamente, terá de abrir-se em direção à soante, que, mais uma vez, tende ao fechamento etc. Aqui, também, a presença exclusiva do *mais* ou do *menos* pede, respectivamente, a atenuação (retirada de *mais*) ou o restabelecimento (retirada de *menos*), e mesmo a intensificação do elemento oposto (*mais menos*, na descendência, ou *mais mais*, na ascendência) para se chegar ao termo contrário e reiniciar o processo. Se esse encaminhamento desse conta de todos os casos de oscilação da intensidade, teríamos plena homogeneidade entre as sintaxes juntiva (implicativa) e intensiva. Acontece que a operação concessiva, como sempre, desorganiza essa lógica em pelo menos dois sentidos: 1. ampliando as fronteiras do *mais* e do *menos* e 2. provocando saltos combinatórios entre os processos de ascendência e descendência.

Para explicar o primeiro caso, Zilberberg lança mão do conceito de "recursividade". Nem sempre o recrudescimento leva de maneira automática à saturação, pois, em princípio, podemos recrudescer o próprio recrudescimento (prática bastante utilizada nas criações poéticas e nas artes em geral, mas que pode ser verificada em frases simples como: "embora já fosse muito rico, nos últimos tempos aumentou ainda mais a sua fortuna"), assim como podemos minimizar infinitamente a minimização (como fazem as ciências moleculares e a nanotecnia ou mesmo alguns relatos científicos: "embora considerado indivisível, o átomo foi fracionado em fins do século XIX"). Bem menos previsíveis, esses "excessos" acontecem com certa frequência e podem ser reconhecidos em diversos setores culturais.

No segundo caso, o autor considera as combinações "quanto *mais... mais*" e "quanto *menos... menos*" como proposições implicativas, já que temos simples adição, na primeira ("quanto *mais* estuda *mais* progride"), e subtração, na última ("quanto *menos* estuda *menos* progride"). As combinações "quanto *menos... mais*" e "quanto *mais... menos*", porém, pelo aumento da distância juntiva, são geradas por manobras concessivas que dão origem a formas hiperbólicas e aceleradas de adição e de subtração. Sem abandonar a isotopia aritmética, o semioticista registra essas ocorrências como manifestações da multiplicação ("quanto *menos* estuda *mais* progride") e da divisão ("quanto *mais* estuda *menos* progride"), operações que fazem sobrevir ao sujeito acontecimentos inesperados.

Essas equações elementares atingem também a sintaxe extensiva, que opera com os conceitos de triagem e mistura. Quando selecionamos, de acordo com alguns critérios, elementos que fazem parte de um conjunto desordenado ou, ao contrário, misturamos dados que decorrem de uma triagem anterior, estamos produzindo sintagmas implicativos: triagem da mistura ou mistura da triagem. Mas, novamente, podemos ir além dessa previsibilidade, triando ainda mais o que já havia sido triado ou misturando o que já era considerado mistura. Nesse caso, estaremos reencontrando as operações concessivas no plano da extensidade. Não é difícil, porém, distinguirmos aqui os mesmos recursos de aumento ou diminuição já comentados no plano da intensidade: misturar uma mistura equivale a recrudescer um recrudescimento, assim como triar uma triagem pode corresponder a minimizar uma minimização, o que mostra o grau de generalização que as direções ascendente e descendente podem adquirir no modelo semiótico de base. Outros saltos concessivos poderiam também ser praticados em frases como: "quanto mais tentamos organizar, mais as coisas se confundem". O importante é detectar que há uma sintaxe juntiva (implicativa ou concessiva) controlando as sintaxes intensiva e extensiva e liberando o campo de presença para os pousos incertos dos acontecimentos.

EPÍLOGO

A complexidade do modelo de Claude Zilberberg permite um número apreciável de leituras, todas revelando aspectos importantes da teoria tensiva. O recorte que propusemos aqui corresponde ao que o próprio autor denominou "prosodização do conteúdo", projeto decorrente de sua incansável reflexão sobre as influências mútuas entre razão e poética na construção do sentido. Vimos que foi o modelo silábico de Saussure que mediou a conversão do conceito de foria em direções tensivas, dinamizadas pelos incrementos *mais* e *menos*, e que permitiu a nova hipótese de isomorfismo entre os planos da linguagem: implosão, acento e assomo passaram a ser noções indissociáveis entre si e analisáveis por oposição a explosão, modulação e resolução. Todas essas categorias podem hoje ser projetadas no já conhecido espaço tensivo que exibe valores culturais e outras grandezas resultantes do cruzamento da intensidade (incisividade / tenuidade) com a extensidade (concentração / difusão), mas podem também sofrer alterações inesperadas quando as operações concessivas de base prevalecem sobre as implicativas. Daí a importância do novo objeto de estudo semiótico, o acontecimento.

Temos assim, sem dúvida, o novo ponto de vista semiótico admitido por Zilberberg. A pergunta seria se não temos mais do que isso. As últimas análises concretas do autor passam cada vez mais ao largo dos conceitos semióticos consagrados por Greimas e sua equipe. Por outro lado, a metodologia tensiva, pacientemente construída pelo teórico francês, não abandona Saussure nem Hjelmslev, desde que em permanente diálogo com os aforismos de Paul Valéry, com o pensamento de autores como Ernst Cassirer, Gaston Bachelard, Heinrich Wölfflin, Blaise Pascal, Pierre Fontanier e, mais recentemente, Gisèle Brelet. Será que a fidelidade aos linguistas suíço e dinamarquês seria suficiente para manter o caráter greimasiano de suas pesquisas?

Há que se considerar que Zilberberg sempre esteve vinculado ao Grupo de Pesquisas Sêmio-linguísticas de Paris, liderado pelo autor lituano, e que, provavelmente, suas ideias inusitadas brotaram no âmbito dos famosos seminários promovidos pelo grupo. Além disso, foi indisfarçável o seu entusiasmo pelo lançamento de *Da Imperfeição*, obra em que Greimas se permitiu tratar de assuntos estéticos sem se ater aos manuais descritivos inspirados em sua própria teoria[28]. Era como se Greimas, o mesmo autor que estabeleceu uma razão coerente para os estudos semióticos, agora apresentasse a face poética da pesquisa. Cabia a ele, Zilberberg, assíduo representante das questões estéticas e sensíveis no grupo de Paris, desenvolver os fundamentos epistemológicos para esse novo empreendimento semiótico, ainda que num estilo de investigação e de escrita realmente distante do empregado pelo criador da semiótica.

---

28. Ver entrevista concedida pelo autor de *De l'imperfection* a Norma Tasca e C. Zilberberg, 1988.

Para fazer ciência na área de humanidades, Greimas sempre formou grupos de pesquisa que pudessem desenvolver suas hipóteses e colaborar com o seu projeto geral. À medida que seus princípios teóricos e seu modelo descritivo foram se impondo entre os estudiosos da significação, o autor foi deixando de lado as alusões aos precursores ou a novos autores que pudessem ter influência decisiva na evolução da teoria. Escrevia sempre com muita prudência e sobre temas bastante amadurecidos em sua mente, a tal ponto que seu renomado dicionário analítico de 1979[29], redigido em colaboração com Joseph Courtés, já apresentou uma interação orgânica dos conceitos tão bem elaborada que provocou na área uma apaziguadora sensação de que as linhas gerais da semiótica estavam definitivamente traçadas.

Zilberberg jamais formou grupos de pesquisa sob sua orientação. Surpreendeu-se quando soube que havia semioticistas seguindo suas propostas em países da América Latina (em especial, Brasil, Peru e México). Ao contrário do seu mestre, o semioticista francês foi sempre um citador compulsivo, um autêntico criador de precursores mesmo quando a coerência interna do próprio modelo parecia dispensar a existência de uma paternidade mais longínqua. Poderíamos pensar, em princípio, que a falta de vínculo com uma equipe de pesquisa voltada para os seus temas de interesse teria sido compensada por um grande elenco de "destinadores" que, selecionados para essa função de controle, validavam constantemente suas novas descobertas teóricas. Mas nada impede que se tratasse apenas de um estilo solitário de pesquisa que se construiu em interação constante com os escritores prediletos. Tudo indica que Zilberberg formulava os seus

---

29. Citado neste volume em sua versão brasileira, de 2008.

conceitos no decorrer da escrita e, se preciso fosse, reformulava-os no artigo seguinte sem que lamentasse o abandono de raciocínios altamente elaborados. Deixou de lado diversas categorias que pareciam fundamentais quando foram criadas – entre elas, a noção de "fazer missivo", aqui comentada, e a refinada classificação dos tempos como "cronológico", "rítmico", "mnésico" e "cinemático"[30] – em nome de outras, teoricamente mais rendosas para a semiótica geral, surgidas em textos derradeiros. Mesmo assim, a formação de um glossário, à maneira de Greimas e Hjelmslev, específico para o enfoque tensivo, foi um propósito cada vez mais definido na trajetória de Zilberberg. Seus últimos livros reservaram um capítulo para a afinação desses conceitos.

Se a linguística europeia moderna foi inaugurada por Saussure e sistematizada por Hjelmslev, a semiótica já nasceu sistematizada por Greimas, até que foi reinaugurada por Zilberberg, embora ele próprio não admitisse tal transformação.

---

30. Claude Zilberberg, "Relativité du rythme".

5. RETORNO E EM TORNO DO PLANO DA EXPRESSÃO

A LINGUÍSTICA E A SEMIOSE

Quando concebeu o signo como combinação entre significante e significado, Saussure não apenas ofereceu condições teóricas para a investigação científica da linguagem verbal, mas também inspirou ainda mais os artistas e pensadores que sempre suspeitaram da existência de um vínculo, natural ou secreto, entre o som e o sentido.

Boa parte do interesse despertado pelas formulações do linguista suíço decorreu da condição material atribuída ao significante e da proposta de uma relação solidária para explicar o seu vínculo com o significado. Era como se o conceito de signo retirasse o *sentido* de uma região etérea e intangível do pensamento humano e o trouxesse para o plano factual, concreto, passível de observação direta. Isso se deu em meado do século passado, quando a atenção de antropólogos, filósofos, psicanalistas, entre outros, foi atraída pela atuação promissora da linguística, a então chamada "ciência-piloto" que poderia emprestar metodologias menos interpretativas a outros domínios da área de humanas.

Na realidade, o famoso *Curso de Linguística Geral* – obra central de Saussure, organizada a partir de apontamentos de estudantes presentes em suas históricas conferências na Universidade de Genebra e publicada em 1916 –, só ingressou definitivamente no pensamento francês e em seu círculo de influência nos anos 1950 e, ainda com mais solidez, na década seguinte. Surgiram então diversas correntes praticando o que talvez possamos chamar de "linguística dos signos", cujos estudos identificavam os níveis dos morfemas (lexicais e gramaticais) e dos fonemas como objetos privilegiados para se examinar respectivamente os planos do significado e do significante nas etapas de análise.

Nessa direção foi notável, entre outras, a proposta de André Martinet que caracterizou a dupla articulação da linguagem como propriedade específica e identificadora das línguas naturais, visto que todas elas, de maneira geral, poderiam ser analisadas em unidades dotadas de conteúdo (raízes, afixos e partículas gramaticais independentes) e unidades sonoras apenas distintivas (fonemas). O grau elevado de universalização desses achados serviu de incentivo a outros estudos, até mesmo no âmbito das linguagens estéticas. Não era raro que musicólogos, por exemplo, buscassem sinais de primeira ou segunda articulação no desenvolvimento das obras analisadas. Se as notas musicais extraíam os seus valores da oposição que mantinham entre si e das possibilidades de combinação oferecidas pelo sistema em foco (modal, tonal, politonal, serial etc.), não teríamos aí a segunda articulação musical, equivalente a dos fonemas no campo linguístico? E será que os motivos melódicos criados em cada peça não poderiam figurar como unidades de primeira articulação, mesmo sem dispor da ordem de significado típica dos morfemas? Indagações desse gênero pareciam transferir o enfoque exigente adotado pela linguística às linguagens estéticas e até aos sistemas secundários mais complexos, como a dança, o cinema e os espetáculos de toda natureza.

Acontece que, já na década de 1940, o dinamarquês Louis Hjelmslev, o mais saussuriano dos linguistas que vinham erigindo a nova ciência na primeira metade do século, apresentou ao longo da sua obra uma leitura analítica bastante elaborada do célebre *Curso*, que, bem ou mal, havia sido registrado no volume póstumo de Saussure. Para o fundador do Círculo Linguístico de Copenhague a descrição das noções de significante e significado atinge o seu melhor rendimento teórico quando operada em contraponto com outra imprescindível dicotomia lançada pelo autor de Genebra: língua e fala. Embora seja mais intuitivo concebermos os signos como componentes da língua natural, quando levamos em conta a perspectiva de Hjelmslev, verificamos que, inversamente, a língua e a fala também são componentes do signo linguístico *lato sensu*.

Com efeito, ao pensarmos em significante e significado no sentido mais amplo desses termos, abandonamos a dimensão propriamente sígnica (próxima à da palavra ou de seus morfemas) para operarmos com dois planos gerais da linguagem que mantêm entre si o mesmo princípio de solidariedade encontrado no conceito de signo. Tais planos são normalmente associados às grandezas textuais ("discursivas", para algumas abordagens) – ainda que suas análises possam atingir dimensões bem menores, chegando aos morfemas e até aos fonemas –, e suas configurações teóricas já preveem a descrição de objetos semióticos que vão bem além da língua natural. Por isso, Hjelmslev preferiu rebatizar o significante como "plano da expressão" e o significado como "plano do conteúdo" e substituir a ideia de signo pela de semiose entre ambos os planos. De todo modo, os princípios adotados nessa revisão do linguista dinamarquês já estavam implícitos nas concepções de Saussure.

O significante ou o plano da expressão sempre foram definidos como instâncias de exteriorização do conteúdo, onde se manifestam as qualidades concretas das linguagens e os estímulos apreendidos por nossos órgãos sensoriais. Quanto mais complexo o objeto semiótico considerado (teatro, musical, cinema etc.), mais devem ser investigados os fatores sinestésicos que atuam nesse plano. Mas, para Saussure, que expunha em seu curso interesse especial pelas línguas naturais, o significante se manifestava na ordem auditiva (a visualidade da escrita já caracterizava um sistema de expressão secundário), portanto, no plano da sonoridade vocal.

Num primeiro momento, poderíamos pensar apenas na sonoridade concreta, na pronúncia dos sons emitidos pela voz, nos sotaques particulares, nas eventuais aliterações poéticas, enfim, no universo fônico que permite a realização acústica da linguagem. Esses aspectos fazem parte realmente do significante, mas constituem variáveis muito próprias da nossa "fala" cotidiana ou do "uso" linguístico, como diria Hjelmslev. Ainda que reconhecesse esses dados, Saussure preocupava-se em especial com as constâncias da "língua" (ou sistema) no significante. Por isso o definiu como "imagem acústica", ou seja, mais que o som em si, o que importava era a imagem psíquica que o falante captava nas unidades sonoras. É nesse âmbito do significante que exercitamos diariamente o reconhecimento imediato dos fonemas da nossa língua materna, pautando-nos por seu caráter opositivo, relativo e negativo (/p/ não é /b/, não é /m/ etc.) no interior do sistema linguístico. Precisamos do estímulo sensorial (auditivo ou gráfico) dos fonemas para que o texto (ou o discurso) se materialize na nossa vida, mas só conseguimos organizá-los na mente e avançarmos ao plano do conteúdo se identificarmos o "valor" linguístico abstrato impregnado nessas unidades sonoras, ou seja, sua oposição e contraste com as demais unidades de mesmo nível da língua (fonológico, por exemplo), tendo como referência o nível superior (morfológico, por exemplo). Se conversarmos em português com alguém que apresenta forte sotaque de sua língua materna (espanhol, italiano etc.) e conseguirmos compreender suas formulações, isso significa que, nessa operação, abstraímos os sons efetivamente emitidos por nosso interlocutor, ao mesmo tempo que depreendemos em seu discurso os valores abstratos que definem o papel dessas unidades fônicas no nosso sistema linguístico. Em outras palavras, nem sempre a pronúncia imperfeita do ponto de vista fonético impede que reconheçamos os valores fonológicos pertinentes que nos franqueiam a passagem para o significado (plano do conteúdo) do signo ou, mais exatamente, do processo de significação.

Portanto, é certo que emitimos e ouvimos sonoridades na instância do significante, mas é certo também que os valores abstratos ou as funções fonológicas que nos permitem reconhecer as unidades pertinentes e compreender as operações linguísticas em foco não transcorrem no campo acústico. Mais uma vez, o conceito de plano da expressão veio para esclarecer a complementaridade entre ambas as dimensões do significante saussuriano. O estudo das categorias de som, ou seja, dos valores abstratos que definem os fonemas no interior do sistema linguístico, foi situado por Hjelmslev no domínio da "forma da expressão", enquanto o exame dos aspectos fônicos em si (variações de pronúncia, sotaques, ritmo acentual etc.), resultantes da projeção da forma sobre a matéria sonora, foi reservado à "substância da expressão". Como já deixamos entender, a forma é abstrata, categorial, relacional e dá conta do funcionamento do sistema linguístico. No caso da forma da expressão das línguas naturais, sua ciência é a fonologia. A substância circunscreve a matéria na qual a forma se manifesta, dando conta de suas variáveis. No caso da substância da expressão das línguas naturais, sua ciência é a fonética. De certo modo, essa é a maneira pela qual a forma e a substância descrevem a presença respectiva da língua e da fala no plano da expressão.

Embora não seja objetivo deste capítulo, temos que ao menos delinear a participação dessa mesma dicotomia saussuriana no plano do conteúdo para completarmos o modelo. Hjelmslev ainda estava fortemente comprometido com a noção de signo e com a descrição dos morfemas nominais e verbais utilizados nas línguas naturais, não obstante, parte de seus trabalhos já era voltada para a análise frasal e para a criação de uma epistemologia que embasasse as futuras abordagens do texto. Sua teoria linguística, conhecida como "glossemática", tinha o intuito principal de descrever as formas (da expressão e do conteúdo) que estruturavam as línguas naturais e que se manifestavam como substâncias (da expressão e do conteúdo) nos usos cotidianos. Deixando de lado as célebres delimitações que as diferentes línguas produzem na também célebre "massa amorfa do pensamento" (Saussure), será mais proveitoso dizer a esta altura que estão situados na forma do conteúdo todos os recursos e categorias gramaticais que explicam o funcionamento linguístico nos níveis morfológico, frasal e textual. Seja a gramática gerativa (e seus desdobramentos) de Chomsky, seja a gramática narrativa proposta pela semiótica de Greimas ou mesmo a gramática tensiva sugerida recentemente por Zilberberg, todas buscam depreender as constâncias teóricas e metodológicas que caracterizam a forma do conteúdo. E, no caso dos dois últimos semioticistas, a forma obtida reflete uma busca de reconstrução do sentido *lato sensu* e não apenas do produzido pelas linguagens verbais. A noção de "gramática", que retorna com vigor ao mundo linguístico dos nossos dias, está claramente associada à língua saussuriana e à forma (ou esquema) hjelmsleviana. É ela que oferece as condições técnicas para que possamos compreender as mensagens finais dos textos e das demais práticas semióticas.

A substância do conteúdo representa o sentido já articulado pela forma gramatical acrescido dos hábitos e conotações sociais que invariavelmente envolvem as mensagens em sua fase final. Por isso, posteriormente, a semiótica greimasiana preferiu remeter a substância do conteúdo para o campo de atuação do enunciador ou do enunciatário[1]. Ademais, o fato de a substância pressupor a estruturação da forma do conteúdo — que, por sua vez, se consolida na função semiótica contraída com o plano da expressão — torna o conceito até certo ponto dispensável no quadro geral da teoria: não há muita diferença entre a significação reservada à substância do conteúdo e a que resulta da semiose entre ambos os planos[2].

LINGUAGEM UTILITÁRIA E LINGUAGEM POÉTICA

Há outro postulado saussuriano, porém, que fortaleceu os estudos da língua natural e, ao mesmo tempo, esmoreceu a es-

---

1. Algirdas Julien Greimas e Joseph Courtés, *Dicionário de Semiótica*, p. 485.
2. *Idem*, p. 459.

perança dos que suspeitavam haver relação intrínseca – genética, histórica ou poética – entre significante e significado. O linguista fundador considerava que a relação entre os planos da linguagem era essencialmente arbitrária e essa condição explicava não só o funcionamento sincrônico do sistema compartilhado pelos falantes da língua, mas também sua tendência à evolução, visto que, ao longo do tempo, o significado ganha novos modos de expressão e o significante passa a cobrir outras esferas de sentido, conservando ou abandonando as antigas significações. Tudo isso regulado pelo consenso entre os membros da comunidade linguística e não por qualquer determinação "natural" que pudesse representar as "coisas" e os "sentimentos" no interior das línguas. Os casos extremos de aproximação entre os planos por alta motivação onomatopaica ou mesmo pelos radicais morfológicos ocorrem com certa frequência, mas não chegam a comprometer a ordem arbitrária que norteia as semioses no campo linguístico.

A arbitrariedade sígnica, estendida aos processos de significação, e os conceitos de forma e substância, responsáveis pela inserção das noções de língua e fala no âmago da semiose, embora tenham se mostrado sugestivos e até eficientes na análise de toda espécie de linguagem, não deixam de transparecer seu vínculo inerente com as categorias típicas das línguas naturais. Isso equivale a dizer que uma gramática assim constituída acaba se contentando em priorizar as funções cognitivas desempenhadas por essas línguas em virtude de seus principais objetivos: construir conhecimento e exercer a comunicação. Não é por outra razão que, no nosso entender, o plano da expressão formulado por Hjelmslev, na esteira de Saussure, põe em destaque a forma abstrata do som e seus valores sistêmicos ou relacionais, afinal, são esses os elementos que imediatamente conduzem os falantes ao plano do conteúdo e aos efeitos intelectivos das suas mensagens. Como a língua natural é o único sistema semiótico que pode se dar ao luxo de desprezar os dados (no caso, fonéticos) da substância da expressão, uma teoria construída à sua imagem e semelhança só poderia espelhar o mesmo compromisso prioritário com os processos cognitivos.

Entretanto, bem cedo Greimas percebeu que a modalidade conhecida à época como "linguagem poética" quase sempre subverte a tendência abstrata e cognitiva do modelo baseado na língua natural[3]. Constatava ele que, no caso dessa linguagem, não se pode desconsiderar a substância da expressão, muito menos o que nela soa como redundância fonética, uma vez que tais reiterações geralmente engendram isotopias sonoras dirigidas diretamente às nossas apreensões sensíveis do processo semiótico e não mais, especialmente, à nossa absorção inteligível. A própria noção de forma da expressão precisaria então ser reexaminada nesse domínio em que a fala adquire tanto relevo quanto a língua. Os fonemas pertinentes continuam desempenhando seu papel de ponte para o plano do conteúdo, mas, se o que está em foco é a linguagem poética, não podemos abandonar seus procedimentos de fixação sonora. Os modos e pontos de articulação dos fonemas (oclusivos, constritivos, vibrantes, labiais, alveolares, palatais etc.), os graus de oralidade e nasalidade, a produção de rimas, assonâncias, aliterações, todas essas qualidades sonoras ganham relevância no contexto poético. Greimas já vislumbrava, portanto, a necessidade de se formular uma "gramática da expressão poética"[4] que expandisse nesse contexto a noção de forma da expressão e rejeitasse sua independência em relação à substância sonora.

---

3. Algirdas Julien Greimas, *Ensaios de Semiótica Poética*, p. 22.
4. *Idem, ibidem.*

O semioticista lituano percebeu ainda que a linguagem poética abrigava em seu âmago uma verdadeira batalha dos poetas contra o princípio da arbitrariedade dos signos, pelo menos a partir do momento em que esses passam a integrar um determinado poema. A materialização e, por conseguinte, a fixação da sonoridade, obtida por processos recorrentes e acentuais que consolidam as conexões fônicas da obra e nos fazem senti-la como expressão exclusiva do conteúdo veiculado, permite-nos também depreender uma espécie de remotivação dos signos, ou seja, um sentimento de "verdade natural" que apenas foi resgatada pelo poeta. É conhecido o trecho premonitório de Greimas:

> A linguagem poética apresenta-se assim como uma organização específica da fala que procura escapar da arbitrariedade dos signos linguísticos e reencontrar uma motivação originária como a dos signos onomatopaicos ou, no limite, do grito humano[5].

Os poetas propõem, no fundo, a concepção de outra forma da expressão cujas leis (rítmicas, aliterativas, geométricas etc.) costumam definir a fixação da substância (sonora ou gráfica), de modo a preservá-la como objeto artístico. Se sua matéria prima é a linguagem verbal, como ocorre na maioria dos casos, a forma da expressão abstrata continua presente facilitando o trânsito do enunciatário para os conteúdos de natureza linguística, mas agora, com a superposição da forma da expressão poética, os autores conseguem também garantir a necessária sobrevida à substância da expressão.

Pelo menos três décadas antes das incursões da semiótica na linguagem poética e, portanto, sem lançar mão do linguajar pós-

---

5. Algirdas Julien Greimas, *Sémiotique et sciences sociales*, p. 182 (tradução nossa).

-estrutural próprio dessa ciência, o poeta e pensador Paul Valéry já apontava as diferenças entre linguagem utilitária (língua natural) e linguagem poética, ressaltando o rápido desaparecimento da primeira assim que o conteúdo se torna assimilado pelo interlocutor e a tendência à conservação da segunda, que, como tal, pede para viver mais, para retornar com os mesmos estímulos sensoriais. Em relação à linguagem utilitária, assim diz o poeta:

[...] nos empregos práticos ou abstratos da linguagem, a forma [leia-se, o plano da expressão], o físico, o sensível e o próprio ato do discurso não se conserva; não sobrevive à compreensão; desfaz-se na clareza; agiu; desempenhou sua função; provocou a compreensão; viveu[6].

Mas, para Valéry, há outra linguagem que quer transcender o sentido imediato e viver por mais tempo no espírito do enunciatário. Entre suas principais peculiaridades está a de despertar o desejo de ser retomada:

[...] estamos insensivelmente transformados e dispostos a viver, a respirar, a pensar de acordo com um regime e sob leis que não são mais de ordem prática – ou seja, nada do que se passar nesse estado estará resolvido, acabado, abolido por um ato bem determinado. Entramos no universo poético[7].

As leis de ordem prática definem as operações com fonemas abstratos que conduzem os falantes de uma língua ao seu plano do conteúdo e descartam imediatamente a sonoridade que lhes serviu de veículo. A linguagem poética funda outras leis e,

6. Paul Valéry, *Variedades*, p. 209.
7. *Idem, ibidem*.

portanto, outra gramática para articular uma forma da expressão que não poderá, nunca mais, prescindir da sua substância. Vejamos um pouco mais.

Sejam quais forem os recursos de fixação da substância da expressão, uma vez que variam de acordo com a proposta de cada obra, há uma articulação temporal que regula os graus de participação da linguagem utilitária (ou língua natural) e da linguagem artística (ou poética) nos poemas e outras obras de cunho verbal: no primeiro caso, como vimos constatando, temos a tendência à *interinidade* da substância da expressão; no segundo, a tendência à *perenidade*. Em outras palavras, o principal sinal de que uma linguagem utilitária está operando com bastante desenvoltura é justamente a rapidez com que seus enunciadores abrem mão da sonoridade concreta e convertem-na em "pensamento abstrato" (Valéry). Entre esses dois estágios, a linguística ainda reconhece uma etapa intermediária na qual as próprias unidades fonéticas se transformam em fonemas, ou seja, deixam de ser sons propriamente ditos e passam a atuar como categorias de sons, cujo sentido (ou valor), como já vimos, se extrai por sua oposição e combinação com outras categorias abstratas ou outros fonemas. Por outro lado, o primeiro sinal de que a linguagem poética está em jogo é a permanência insistente da substância da expressão. Claro que essa substância não se sustenta mais por uma gramática fonológica e sim por uma forma que, com seus recursos reiterativos e particularizantes, provoca o retorno continuado à instância fonética ou gráfica e o adiamento constante de uma definição clara dos elementos do plano do conteúdo, ainda que permita a convivência dos ouvintes ou leitores com alguns lampejos interpretativos que vão se modificando ao longo do tempo. Enfim, o que permanece na linguagem poética é o regresso ao plano da expressão. Nem sempre há compromisso com a clareza do conteúdo.

Essa valorização do significante levou a semiótica a propor que os objetos de análise deveriam ser classificados pela natureza da substância da expressão[8], que, por sua vez, definiria as ordens sensoriais envolvidas nos chamados canais de comunicação (visuais, auditivos, gustativos etc.). Mas logo a teoria reconheceu que esse critério não seria suficiente para distinguir, por exemplo, linguagem verbal e linguagem musical, ambas expressas por sonoridades, nem para falar da mistura dos canais sensoriais promovida pelas modalidades sincréticas (teatro, cinema, televisão e espetáculos em geral) das artes e das comunicações. Todavia, os conceitos de interinidade e perenidade aplicados à substância da expressão ajudam-nos a compreender a especificidade da língua natural e a distingui-la das demais linguagens, sobretudo as de caráter estético. Não é pouca coisa.

ISOMORFISMO METALINGUÍSTICO

Essa definição "positiva" do plano da expressão, associada sempre à materialização do sentido numa determinada ordem sensorial, foi perdendo relevo com o advento da semiótica tensiva. Em contrapartida, as categorias tradicionais desse plano, principalmente as extraídas dos processos silábicos, prosódicos e rítmicos, ganharam *status* epistemológico e passaram a orientar os conceitos lançados por seu teórico maior, Claude Zilberberg. Como já destacamos no terceiro e quarto capítulos, o autor francês investiu-se da tarefa de promover uma prosodização do conteúdo que, em última instância, significava trazer para um ní-

---

8. Algirdas Julien Greimas e Joseph Courtés, *Dicionário de Semiótica*, p. 461.

vel bem mais abstrato – e metodológico – o que ficou conhecido como isomorfismo entre os planos da linguagem. Seu exemplo de fundo, como de hábito, era o que Hjelmslev havia proposto para o âmbito linguístico.

Conforme temos comentado com certa regularidade (pela importância do tema), o linguista dinamarquês já havia identificado no funcionamento das línguas naturais elementos "intensos", com influência local, concentrada, que se opõem aos elementos "extensos", cuja tendência é se expandir pelo texto integral. As manifestações desses conceitos foram encontradas tanto no plano da expressão quanto no plano do conteúdo. No primeiro caso, Hjelmslev mencionava a convivência do acento (intenso) com a modulação (extensa) em nossos discursos orais. No segundo, a existência dos morfemas nominais (intensos), como os substantivos e tudo que o rodeia (artigo, adjetivo, pronome etc.), e dos morfemas verbais (extensos), como os verbos que disseminam a temporalidade, a pessoalidade e o modo para outros momentos do texto linguístico. Portanto, intenso e extenso constituíam, para o autor, categorias metalinguísticas que atestavam, no nível metodológico, o isomorfismo entre os planos da linguagem.

Em algumas passagens de sua obra, Zilberberg adota os termos prosódicos do autor dos *Prolegômenos a uma Teoria da Linguagem* quando pretende caracterizar o plano da expressão a ser considerado pela teoria semiótica. A evolução que alterna pontos acentuais com modulações entoativas – aqueles representando momentos de ápice tensivo e essas, passagens graduais que decompõem o acento anterior, mas que se dirigem invariavelmente ao acento seguinte – serve de modelo para o reconhecimento dos assomos e resoluções que transcorrem no plano do conteúdo:

No plano da expressão, esse dado [de ajustamento] é assumido na prosódia pelas entoações e no ritmo pelos acentos. No plano do conteúdo, essa prosódia diz respeito ao jogo, à regulagem das tensões e distensões, dos paroxismos e dos êxtases[9].

Essa adoção das ideias fundamentais da glossemática é ainda reforçada pela leitura que faz o semioticista francês da teoria da silabação de Saussure. Assim como a *sílaba* compreende a "implosão", ponto máximo de sonoridade vocálica que, na sequência, só pode declinar, e a "explosão", restabelecimento durativo da sonoridade logo após sua diminuição ou supressão pelas funções de consoante, a semiótica tensiva propõe que a noção de *foria* dê conta tanto do acento e da modulação no plano da expressão, como do acontecimento extraordinário e do seu exercício de assimilação que se alternam no plano do conteúdo. Concebida, assim, como estrutura prosódica, a foria insere o isomorfismo entre os planos da linguagem definitivamente no campo metalinguístico da semiótica. Trata-se, portanto, de um ganho considerável para os seguidores de Saussure e Hjelmslev, mas, ao mesmo tempo, de um deslocamento nem sempre convincente do lugar em que se realiza de fato a semiose.

PLANO DA EXPRESSÃO, EXTENSIDADE E MANIFESTANTE

Não é de hoje que as análises concretas promovidas pela semiótica tensiva, em especial as de Claude Zilberberg, abandonaram a

---

9. Claude Zilberberg, *Condition de la négation* (tradução nossa).

narratologia, os estratos gerativos e até mesmo o quadrado semiótico que figuravam como símbolos por excelência da abordagem greimasiana, a qual, por sua vez, já havia substituído há muito mais tempo o conceito de função semiótica (ou semiose) pela descrição exclusiva do plano do conteúdo. O enfoque tensivo restabeleceu a semiose no centro da teoria, mas nem sempre suas análises se pautam pela relação entre os tradicionais planos da linguagem. Em vez da articulação entre forma do conteúdo e forma da expressão, o ponto de vista tensivo prefere operar com os valores resultantes da projeção dos graus da intensidade sobre a variação da extensidade, isto é, com a maior ou menor ênfase afetiva incidindo ora em grandezas concentradas, ora em grandezas difusas. É nessa relação que se encontra agora o foco teórico da semiose.

Não demorou muito para que o próprio idealizador dessas novas dimensões conceituais, diante da inequívoca alteração do modelo teórico de base, arriscasse uma identificação entre, de um lado, intensidade e plano do conteúdo e, de outro, extensidade e plano da expressão:

> A tensividade não possui, portanto, conteúdo próprio: ela é apenas o lugar de encontro, o ponto de fusão, a linha de frente onde a intensidade se apropria da extensidade, onde um plano do conteúdo intensivo se junta a um plano da expressão extensivo. A teoria em si torna-se uma semiose[10].

Embora reconheçamos que o exame da relação entre intensidade e extensidade seja bem mais produtivo para as análises de hoje do que a semiose entre os planos da linguagem, cremos que há certa precipitação quando se resume toda a complexidade

---

10. Claude Zilberberg, *Des formes de vie aux valeurs*, p. 9 (tradução nossa).

desses conceitos nas expressões "plano do conteúdo intensivo" e "plano da expressão extensivo". Se não possui "conteúdo próprio", como diz a citação acima, a tensividade é um dispositivo teórico cujas principais categorias (intensidade e extensidade) podem ser articuladas na forma tanto do plano do conteúdo como do plano da expressão.

Acontece que o conceito de plano da expressão sofreu um sensível deslizamento teórico nos últimos trabalhos de Zilberberg. Aliás, já faz tempo que perdeu o atributo que mais o identificava desde que vieram à luz os estudos de Saussure: a face material do signo, ou seja, aquela que respondia por sua existência concreta ao lado dos demais elementos apreensíveis do mundo. Tudo ocorre como se o semioticista estivesse desprezando a substância sonora (ou de qualquer outra ordem sensorial), parte integrante desse plano, ainda que acolhesse suas categorias típicas, como a prosódia e o ritmo dos acentos, para construir a base do seu projeto epistemológico maior definido como prosodização do conteúdo. Em outras palavras, o autor faz uso constante de categorias conceituais que decorrem da forma da expressão para formular sua nova hipótese semiótica, mas não vê interesse em preservar a natureza estésica da substância da expressão, algo que algumas décadas atrás parecia essencial para se conhecer, entre outras coisas, a linguagem poética.

Ao mencionar com frequência o plano da expressão, desconsiderando a matéria sensível que sempre caracterizou o conceito, a semiótica tensiva parece referir-se mais à substância do conteúdo que à substância da expressão. Tomemos um exemplo do próprio semioticista:

> Os historiadores que estudaram a história de Paris na época moderna notaram a considerável expansão da população parisiense, visto que admi-

tem que, entre 1800 e 1850, essa população passou de quinhentos mil habitantes para um milhão. A problemática é a seguinte: como o semioticista deve tratar esses dados incontestáveis? Tais como se apresentam? Seguramente não. Devemos tratá-los como um plano da expressão cujas valências intensivas e extensivas constituem o plano do conteúdo[11].

Esses dados populacionais, no nosso entender, deveriam ser tratados pelo semioticista não como plano da expressão (já que os dados em si não têm qualquer positividade sensorial), mas como substância do conteúdo que manifesta sua forma (do conteúdo) nas articulações das valências intensivas e extensivas. Afinal, é o par forma e substância que pode, segundo Hjelmslev, ser aplicado de modo relativo: "Aquilo que, de um ponto de vista, é "substância" torna-se "forma" de um outro ponto de vista"[12].

Outra maneira de dizer quase a mesma coisa é considerar os dados da substância do conteúdo como variáveis *manifestantes* (elementos de "uso"), cuja função é revelar as constantes *manifestadas* (elementos do "esquema" ou da forma). O próprio Zilberberg admite que utilizou as noções de plano da expressão e plano do conteúdo nas acepções hjelmslevianas de "manifestante" e "manifestada". Em trabalho não publicado sobre a novidade (*De la nouveauté*, 2003), por exemplo, afirma: "a reiteração é eminentemente enumerável e intervém como plano da expressão ou ainda como manifestante" (tradução nossa). Ora, se a reiteração é enumerável, ela pode se expandir ou se contrair no eixo da extensidade e, portanto, já se encontra na forma do conteúdo (em alguns casos, da expressão). Nada tem a ver com o plano da

---

11. *Idem*, p. 105 (tradução nossa).
12. Louis Hjelmslev, *Prolegômenos a uma Teoria da Linguagem*, p. 83.

expressão no seu sentido positivo[13] (e não apenas opositivo). Tampouco tem a ver, no nosso entendimento, com a noção de manifestante, como quer Zilberberg. Essa última noção funcionaria melhor se abarcasse a substância do conteúdo com suas construções e variações figurativas. A análise de tais figuras nas articulações da intensidade com a extensidade já indica descrição da constância manifestada ou, simplesmente, da forma do conteúdo. Entretanto, não podemos deixar de assinalar que o semioticista francês foi, cada vez mais, estabelecendo uma equivalência entre, de um lado, plano da expressão e manifestante e, de outro, entre manifestante e extensidade. Nessa linha, só teríamos plano do conteúdo e constâncias manifestadas na dimensão da intensidade:

> As subvalências de temporalidade e espacialidade servem de *manifestantes* para as subvalências de andamento e tonicidade que, de acordo com essa convenção, se inscrevem como *manifestadas*[14].

De fato, em uma entrevista registrada em vídeo, Zilberberg confirma com todas as letras sua opção por conceber o plano da expressão como manifestante e o plano do conteúdo como manifestada (assim mesmo, no feminino, como o fez o pensador dinamarquês). Em seu último livro, igualmente, o autor reitera que, para a semiótica tensiva, "a intensidade surge na condição de manifestada e a extensidade na condição de manifestante"[15]. Embora seja um tema aberto a discussões, há alguns princípios que poderiam nos orientar.

---

13. Quando falamos da positividade do plano da expressão, levamos em conta também sua substância sensorial, sua materialidade expressiva.
14. Claude Zilberberg, *Des formes de vie aux valeurs*, p. 95 (tradução nossa).
15. Claude Zilberberg, *La structure tensive*, p. 31 (tradução nossa).

Se pensarmos que Hjelmslev[16] define "forma" como "a constância numa manifestação" (ou seja, a manifestada) e "substância" como "a variável numa manifestação" (ou seja, a manifestante), os elementos em oposição relativa, quando desprovidos de materialidade sensitiva, constituem respectivamente a forma do conteúdo e a substância do conteúdo. Chamar esta última genericamente de plano da expressão, como no exemplo da expansão populacional parisiense, não nos ajuda a compreender a teoria geral. Por outro lado, ao final da mesma citação, a inserção das valências intensivas e extensivas no plano do conteúdo (preferiríamos forma do conteúdo), evitando a associação entre extensidade e plano da expressão, parece-nos mais sensata.

Na verdade, os dados populacionais de Paris poderiam ser fornecidos por um plano da expressão numérico ou gráfico, de cunho visual (planilha, tabela, diagrama), ou, mais provavelmente, pelo plano da expressão da língua natural que possui as características já relatadas anteriormente: sequência vocal da qual se depreende uma ordenação fonológica que permite a passagem para o plano do conteúdo. Assim que assimila a mensagem (nesse caso, os dados populacionais), o interlocutor pode dispensar seus veículos auditivos ou visuais de transmissão – ou seja, sua substância da expressão. Tal mensagem, objetivo final da comunicação, constitui a substância do conteúdo, com seus revestimentos figurativos, que pressupõe uma forma do conteúdo, uma gramática (frasal, narrativa, tensiva etc.), cujas operações só podem ser reveladas em processo de análise. As valências intensivas e extensivas surgem assim como representantes das constâncias manifestadas.

16. Louis Hjelmslev, *Prolegômenos a uma Teoria da Linguagem*, p. 139.

RETORNO E EM TORNO DO PLANO DA EXPRESSÃO

Essas mesmas valências poderiam ser empregadas na análise do plano da expressão, se este tivesse, eventualmente, recebido um tratamento poético especial, com recursos de acentuação, aliteração, ritmo, metrificação etc. O enunciador teria então criado uma forma da expressão particular, diferente da que verificamos em nossa linguagem utilitária. Não é o caso das informações históricas sobre o aumento populacional de Paris. O interesse aqui é apenas pelo plano do conteúdo. O plano da expressão existe – tem de existir, obrigatoriamente –, mas ele é fugaz e, como diz Valéry, se desfaz na própria clareza da informação objetiva. Afinal, a semiose na língua natural, sobretudo em sua modalidade escrita, tem a propriedade de nos conduzir o mais rapidamente possível ao plano do conteúdo, revelando sua substância ou mensagem linguística final. A forma morfológica e frasal que nos permite depreender tal mensagem é fundamental nesse processo, mas nada tem a ver com a forma semiótica que também estruturou a inteligibilidade da substância e que depende de um especialista nesse gênero de análise para desvendar sua sintaxe de base.

Assim, ao final de uma comunicação linguística bem sucedida, como a do historiador de Paris, estaremos sempre às voltas com uma substância do conteúdo, tentando decifrar a forma que a tornou sensivelmente inteligível. Os próprios escritores contemporâneos e posteriores a esse crescimento da população se encarregaram de relacionar esse súbito (andamento acelerado) e expressivo (alta tonicidade) aumento dos números (alta extensidade) da capital francesa a mudanças no comportamento e na subjetividade de seus habitantes. Segundo Zilberberg, poetas como Baudelaire perceberam no calor da hora que "a emergência rápida da 'cidade enorme' ocasionou uma mutação das valências intensivas e extensivas, que são, se a transposição for admitida, as captadoras de nossas vivências"[17]. Claro que ao falarmos dessas valências já estamos considerando a intervenção do semioticista.

EPÍLOGO

Cremos que o plano da expressão deveria manter o seu caráter positivo e não apenas opositivo, isto é, permanecer como a face exterior da semiose, aquela que materializa o sentido tornando-o captável pelos órgãos sensoriais ao lado dos demais seres, objetos e fatos do mundo. Pleiteamos, assim, a presença nítida da substância da expressão para que possamos identificar as ocorrências desse plano. Lembramos que a efemeridade (ou interinidade) da substância da expressão é um traço específico das línguas naturais. Nelas, o que importa é a organização fonológica, abstrata, realizada na forma da expressão, justamente por proporcionar imediata transição ao plano do conteúdo, onde outro tipo de organização sustentará nossas mensagens cognitivas e emotivas. Nesses termos, só podemos ingressar na fase de análise de um texto em língua natural, texto esse sem propósitos estéticos, quando já tivermos ultrapassado a etapa de compreensão das suas informações meramente linguísticas e, portanto, já tivermos bem configurada sua substância do conteúdo. Daqui para diante poderemos investigar sua forma (de conteúdo), que, aliás, sem se revelar como tal, deu ensejo a essa compreensão.

Quando encontramos certa perenização da substância da expressão, ou seja, um regresso constante aos estímulos sensoriais provocados pela linguagem, é sinal de que, além da organização

---

17. Claude Zilberberg, *Des formes de vie aux valeurs*, p. 105 (tradução nossa).

fonológica, há outra forma da expressão agindo paralelamente, criando associações sonoras, ritmos e modulações que precisam ser frequentemente revisitados. Tudo indica que essa nova forma da expressão também poderá ser descrita, seguindo o critério do isomorfismo metalinguístico, pelas mesmas valências tensivas empregadas no exame do plano do conteúdo, ou seja, considerando que a ênfase sonora pode incidir, por exemplo, sobre reiterações acentuais ou sobre desenvolvimentos entoativos. É o caso da linguagem poética, mas também de todas as linguagens estéticas, desde que respeitadas suas variações de ordem sensorial.

De todo modo, é a substância (de conteúdo ou expressão) que constitui o elemento variável sujeito à análise do semioticista. Talvez possamos chamá-la de manifestante como quer Zilberberg, mas não de plano da expressão. Também não podemos, a nosso ver, confundi-la com a extensidade, dimensão esta regida pela intensidade e que nos permitem, ambas, articular a forma tensiva subjacente ao texto ou outro objeto semiótico. Elas são as constantes do sentido que talvez Hjelmslev abordasse como manifestadas.

No caso da linguagem utilitária e de toda literatura que se baseia na interinidade do plano da expressão, cabe à semiótica analisar o plano do conteúdo, como o fez Greimas desde os primórdios de construção dessa ciência. No caso da linguagem poética ou de outras modalidades estéticas que exigem um retorno à substância da expressão, ambos os planos devem ser descritos de acordo com os parâmetros oscilatórios que regulam a intensidade dos nossos afetos em relação aos graus de abrangência dos dados levados em consideração no domínio da extensidade. Claro que o plano do conteúdo ainda demanda outras esferas de ação descritiva, nas quais continuam incluídas, entre tantas, as abordagens narrativas, modais e enunciativas. Cada vez mais, porém, o núcleo da semiose se manifesta na articulação entre intensidade e extensidade na forma do conteúdo e, quando for o caso, também na forma da expressão.

Ao repetir que a semiótica tensiva veio para recuperar o isomorfismo entre os planos da linguagem à maneira de Hjelmslev ou para refinar o modelo descritivo a partir de uma prosodização do conteúdo, Zilberberg não se mostra especialmente preocupado com a análise específica do plano da expressão. Aliás, pudemos verificar que sua concepção desse plano muito pouco tem a ver com o lugar das qualidades sensíveis, onde se dá a exteriorização da linguagem. Na realidade, para o semioticista, a prosodização precede e implanta a própria teoria tensiva, tendo em vista que o modo pelo qual a intensidade afetiva privilegia ora a concentração (a triagem, a brevidade, o fechamento), ora a dispersão (a mistura, o alongamento, a abertura) das grandezas ou dos dados procede diretamente do ritmo natural que governa o plano da expressão com seus acentos e modulações e, não menos, do microcosmo criado na silabação saussuriana, processo já comentado atrás.

Não seria exagero dizer que a prosodização introduzida por Zilberberg instaura o plano da expressão como parâmetro epistemológico para se empreender a análise do sentido. Também não é pouca coisa.

6. O ACENTO SEMIÓTICO

CONCENTRAÇÃO E EXPANSÃO

A prosodização da semiótica tem como núcleo o "acento", ainda que, até agora, esse conceito não tenha recebido uma definição precisa e homogênea para desempenhar a função categorial que a hipótese tensiva tanto necessita na confecção de seus modelos. Associado primordialmente ao plano da expressão da linguagem verbal, no qual caracteriza a sílaba tônica do discurso, o acento tem contribuído para explicar também as articulações do plano do conteúdo de toda espécie de linguagem, incluindo as formas científicas e artísticas, o que lhe conferiu um lugar privilegiado no âmbito dos atuais estudos semióticos.

Quem conhece as pesquisas linguísticas de Louis Hjelmslev, cujo pensamento teve influência decisiva no projeto semiótico de Algirdas Julien Greimas, há de lembrar que o acento, no campo fônico, se opõe à modulação, assim como o componente nominal, no campo morfossintáxico, se opõe ao componente verbal. Ou seja, com essas correspondências, o linguista dinamarquês fixava alguns critérios para o estabelecimento de isomorfia entre os planos da linguagem verbal. Ambos os planos, como já mencionamos, previam a articulação entre elementos intensos e extensos, os primeiros se restringindo às funções locais (acentos, no plano da expressão, e flexões nominais, no plano do conteúdo), enquanto os outros manifestavam a capacidade de se expandir por todo o enunciado (modulação, no primeiro plano, e flexões verbais, no segundo)[1]. Não é difícil verificar que Hjelmslev formulava sua proposta no domínio em que hoje situamos o eixo da extensidade. Depreendia nos textos, primeiramente, uma força de concentração (acento e elementos nominais) e, em seguida, destacava uma força de expansão na cadeia linguística (entoação e elementos verbais).

Na década de 1960, sem fazer referência ao criador da glossemática, Algirdas Julien Greimas convocava as mesmas forças, de concentração e expansão, para demonstrar que essa elasticidade do discurso é uma propriedade de todas as línguas naturais. Para ele, os estudos semânticos deveriam considerar com mais afinco a equivalência entre as atividades de "denominação" (condensação ou concentração) e "definição" (expansão), responsáveis respectivamente pelas formulações metalinguísticas e pelas paráfrases, pois não se pode ignorar os mecanismos básicos do funcionamento discursivo[2]. Preocupado apenas com o plano do conteúdo, Greimas nem menciona o acento como noção que poderia ter efeito esclarecedor em sua proposta, mas, de todo modo, a reflexão sobre a elasticidade extensiva do discurso alimentava

---

1. Louis Hjelmslev, *Le langage*, p. 145.
2. Algirdas Julien Greimas, *Semântica Estrutural*, pp. 97-103.

os princípios gerais da semiótica, em especial o conceito de isotopia. Falaremos dessa elasticidade no próximo capítulo.

Preterido durante a época áurea de formação da teoria semiótica geral, o conceito de acento não foi lembrado igualmente nas incursões de Greimas pelo discurso poético[3], uma vez que o propalado isomorfismo entre os planos da linguagem ainda era investigado nas unidades mínimas dos planos da expressão (fonemas e femas) e do conteúdo (sememas e semas), sem contar que a imensa atração exercida por este último plano mantinha os pesquisadores no universo das conotações e nos corredores isotópicos recém-descobertos nas páginas do livro *Sémantique Structurale*, publicado na França em 1966.

O processo de acentuação – inerente à prosódia das línguas naturais, mas já incidindo sobre a concepção de espera narrativa no plano do conteúdo – foi introduzido na semiótica pelo próprio Greimas em sua obra "não-semiótica" dedicada ao tema da imperfeição ou do "parecer". De fato, é nela que o autor propõe um "arriscado deslocamento da acentuação", uma variação do "tempo forte", antecipando ou prolongando a espera, como recurso de revalorização do ritmo da vida cotidiana[4]. Mesmo sem intenção explícita de fazê-lo, o pensador lituano recuperou nesse trabalho a noção prosódica de acento já numa acepção tensiva.

Sabe-se, contudo, que essa reflexão de Greimas manifestou-se como parte de seu projeto pessoal, circunscrito no volume citado, de fazer indagações sobre o sentido dos acontecimentos estéticos (e estésicos) expressos em trechos literários de sua escolha. Não integra o arcabouço teórico que desencadeou a pesquisa

---

[3]. Algirdas Julien Greimas, *Ensaios de Semiótica Poética*.
[4]. Algirdas Julien Greimas, *Da Imperfeição*, pp. 86-87.

coletiva estimulada pelo influente pesquisador. Entretanto, Claude Zilberberg, seu discípulo mais identificado com as questões poéticas e artísticas, abraçou o tema como sendo o canal mais fecundo para o desenvolvimento geral de uma teoria do sentido.

ACENTO E TENSIVIDADE

Zilberberg considera que a noção de acento já traz do plano da expressão a marca da indivisibilidade ou da unicidade que a opõe à pluralidade do "inacento". Uma sílaba acentuada, por exemplo, opõe-se a todas as outras que não possuem essa propriedade. Sua duração é concentrada e associada a uma energia vocal mais intensa, o que resulta em duas características fundamentais para a abordagem tensiva: singularidade e alta tonicidade. Toda sílaba tônica passa por uma triagem no âmbito da extensidade sonora e por um acréscimo de volume no campo da intensidade. Assim sendo, o acento contém em si ambas as dimensões da teoria tensiva.

A passagem ao plano do conteúdo é quase direta. As grandezas que assomam ao campo de presença com a densidade e tonicidade necessárias para serem levadas em consideração no universo de sentido do Homem são fenômenos acentuados que se opõem às numerosas outras grandezas que não possuem esses mesmos valores tensivos. Portanto, o acento manifesta-se no conteúdo não somente como "assomo", mas também como "sobrevir" ou "apreensão" (na esfera do sujeito) e como "acontecimento" (na esfera do objeto).

Zilberberg, em seu último livro[5], apura ainda mais a noção de acento para explicar a homologia entre a forma da expressão

---

5. Claude Zilberberg, *La structure tensive*, p. 122.

e a forma do conteúdo. Além da intensidade e do tempo concentrado, parâmetros físicos que avalizam a potência e a duração da voz na prosódia, o autor lembra que Roman Jakobson[6] ainda destacava a "frequência", responsável pela variação da altura vocal. Embora reconheça que o linguista referia-se à acepção acústica do termo, o semioticista não deixa de adotar a expressão no sentido corriqueiro (assiduidade, constância) para fazer uso do seu termo contrário, a "raridade". Assim, tonicidade elevada, unicidade e raridade definem o acento com os mesmos traços do acontecimento, de tal maneira que nos permitem compreender o primeiro como um acontecimento no plano da expressão e o outro como um acento no plano do conteúdo. Aliás, esse intercâmbio dos conceitos isomórficos tornaram-se regular nos textos de Zilberberg.

Se pensarmos nos modos de presença que descrevem os estágios perceptivos do sujeito quando em contato com seu objeto[7], lembremos que toda "realização" desse contato tem um caráter de plenitude, mas o impacto propriamente dito do encontro apresenta variações gradativas que influem na "potencialização" ou memorização da experiência por parte do sujeito. Já verificamos em outro trabalho[8] que o modo de assimilação subjetiva de um conteúdo depende da sua densidade de presença na fase da realização. A acepção átona de potencialização descreve a absorção diária dos significados difusos que permanecem em estado latente (potencial) no nosso espírito. Já a acepção tônica decorre do impacto causado por uma grandeza ou experiência de

---

6. Roman Jakobson, *Essais de linguistique générale*, p. 121.
7. Jacques Fontanille e Claude Zilberberg, *Tensão e Significação*, p. 134.
8. Luiz Tatit, *Semiótica à Luz de Guimarães Rosa*, pp. 155-156.

densidade fortemente concentrada e do fato de serem intensos também seus graus de aceleração e tonicidade. Nesse último caso, potencialização significa incutir maior potência em algo, de tal maneira que a intensidade do encontro, da realização, transforma-se em diferença significativa no espaço subjetivo e favorece, assim, novas atualizações. É motivador, nesse aspecto, o aforismo de Paul Valéry: "O que nos toca, persiste, e se projeta nas coisas subsequentes"[9]. A potencialização tônica é, portanto, consequência direta da presença do acento no plano do conteúdo.

Por seu caráter indivisível, o acento virou também uma espécie de "incremento acentual"[10] do sentido, na medida em que pode ser aplicado a toda sorte de conteúdo de modo a aumentar o seu coeficiente de intensidade inicial: quase tudo pode ser acentuado quando necessário. Se o acento incidir sobre si próprio, por exemplo, teremos um recrudescimento do recrudescimento, ou seja, mais daquilo que já era copioso ou relevante. Se o acento incidir sobre a modulação (seu termo contrário), são as curvas entoativas, no plano da expressão, e as explanações, no conteúdo, que ganham destaque. No primeiro caso, temos a prótase, segmento entoativo em elevação que incorpora o clímax acentual no fio da frase e, no segundo, a apódose, segmento descendente que acompanha a asseveração, muitas vezes com recursos de argumentação, os quais, em alguns contextos, como no discurso científico, são mais cultivados do que os resultados finais. Ainda nessa linha, o semioticista francês aproxima o acento à ênfase, figura retórica que fortalece ou exacerba certas zonas de significa-

---

9. Paul Valéry, *Cahiers*, tome 1, p. 1235 (tradução nossa).
10. "Reforço de acentos que, por necessidade poética, recebe a palavra átona" (Zélio dos Campos Jota, *Dicionário de Linguística*, p. 172).

ção, alimentando outras figuras como a amplificação, a hipérbole ou a exclamação. Serve-se então de um conceito de Ernst Cassirer que, por fazer um sincretismo da expressão com o conteúdo, vem bem a propósito: "acento da significação"[11]. Mais que dar ênfase a um determinado aspecto discursivo, o acento da significação substitui muitas vezes a importante noção de "pertinência"[12], que sempre norteou tanto a linguística saussuriana como a semiótica. O que fazem os pesquisadores senão acentuar os elementos pertinentes para uma determinada abordagem?

ACENTO E SILABAÇÃO

O estudo da dinâmica do acento exige, uma vez mais, a observação das variações diminutas ocorridas no processo silábico saussuriano[13]. A necessária oscilação entre fechamento e abertura da sonoridade que realizamos em nossa fala cotidiana dá origem às respectivas noções de fronteira silábica (explosão) e ponto vocálico (implosão), cujo grande trunfo teórico é a caracterização de uma aspectualidade interna à linguagem, pautada por direções ascendentes e descendentes que servem de matrizes para a nossa compreensão das variações de aumento e diminuição das tensões do plano do conteúdo. O acento define o auge da sonoridade atingido no momento da implosão e o signo escolhido pelo linguista para representar essa etapa (>) já indica que tal abertura máxima terá como destino inexorável o seu fechamento subse-

---

11. Ernst Cassirer, *Linguagem e Mito*, p. 108.
12. Claude Zilberberg, "Louvando o Acontecimento", p. 15.
13. Os comentários que seguem complementam o que já tratamos às páginas 96, 97 e 98 deste volume.

quente, que poderá vir de maneira abrupta, pela intervenção de um fonema oclusivo, ou gradativa, passando por soantes menos abertas (i, u, por exemplo) ou consoantes menos fechadas (v, l, r). Tanto as etapas de fechamento como o início das etapas de reabertura sonora, ou explosão (<), representam as modulações que distendem o ápice sonoro, mas não deixam de proporcionar internamente uma redistribuição de acentos vocálicos que, pelo ritmo próprio da silabação, dirigem-se agora à nova implosão (ou novo apogeu acentual).

O acento identifica-se com o ápice da implosão, no plano de expressão, e, como já vimos, com o impacto do assomo, no plano do conteúdo. O interesse do processo de silabação saussuriano é o fato de que esses estágios de máxima implosão ou explosão indicam direções necessárias à continuidade do funcionamento prosódico. Sempre depois de uma ascendência em direção à abertura vocálica, teremos um descenso em busca de novo fechamento ou nova oclusão fônica – e vice-versa, no caso da descendência. Transferido ao conteúdo, esse mesmo ritmo pode ser observado entre o assomo (ingresso inesperado de uma grandeza ou acontecimento no campo de presença) e a resolução (assimilação ou desdobramento narrativo e argumentativo que inserem o conteúdo numa área extensiva)[14]. Também aí se verifica uma ascendência, geralmente brusca, indicando o caminho da descendência que normalmente chamamos de elaboração expandida de algo que se apresentou de forma compacta e intensa. As vivências epifânicas seguidas de considerações literárias (como as tratadas em *Da Imperfeição*), as fortes sensações localizadas remetendo-se a numerosas lembranças distantes (como o clássico episódio da

---

14. Jacques Fontanille e Claude Zilberberg, *Tensão e Significação*, p. 108.

madelaine de Proust) ou, ainda, a experiência de perda de um ente querido e o decorrente "trabalho do luto", na expressão utilizada pela psicanálise, todas são exemplos das alternâncias direcionais do conteúdo que podem ser expressas pela aspectualização tensiva[15]. Como diz Zilberberg, "o momento implosivo aparece, desse modo, como aquele em que o fato inesperado desfaz o sujeito. É, portanto, o momento do acento"[16].

Mário de Andrade formula – com precisão, mas sem intenção de fazê-lo – essa virada acentual no plano do conteúdo, quando analisa em seu "Prefácio Interessantíssimo" a sucessão das escolas literárias: "as decadências não vêm depois dos apogeus. O apogeu já é decadência, porque sendo estagnação não pode conter em si um progresso, uma evolução ascensional"[17]. É como se dissesse, no contexto saussuriano, que a implosão já é fechamento, simplesmente por ter atingido o grau máximo de abertura. Essa determinação direcional parece-nos trazer um rendimento notável a todos os estudos semióticos que levam em conta as quantificações subjetivas. Na verdade, os pontos extremos, acentuais por excelência, sofrem o que poderíamos chamar de desequilíbrio tensivo. Até certo ponto isso tem explicação.

O acento na sua acepção semiótica mais própria constitui sempre um caso de alta intensidade e pouca extensidade, ou seja, de correlação inversa entre as duas dimensões tensivas. Como se sabe nesse campo da semiótica, a dimensão da intensidade rege a da extensidade e isso significa que o aumento daquela dimensão,

---

15. "Este [contraprograma de resolução] consiste, como no trabalho de luto, em distribuir, fracionado na duração, um *quantum* de afeto tido como não suportável naquele instante" (Claude Zilberberg, *Elementos de Semiótica Tensiva*, p. 117).
16. Claude Zilberberg, "Défense e illustration de l'intensité", p. 103 (tradução nossa).
17. Mário de Andrade, *Poesias Completas*, pp. 25-26.

ao roçar seu ponto extremo, tende também a exacerbar a concentração e, por conseguinte, a própria realização da triagem com um de seus principais componentes, a exclusão. O limite desse processo seria a escolha única, justamente por eliminar qualquer possibilidade de abertura do campo, o que imobilizaria a própria dinâmica do modelo: "toda concentração dirige-se ao seu oposto, a difusão, a não ser que um dispositivo retensivo eficaz seja instalado"[18]. Não se trata de pensamento lógico, mas de traços de operações sintáticas que vão se impregnando na linguagem e na cultura em virtude de suas ocorrências históricas[19]. O passo seguinte de uma escolha única (ideológica, doutrinária, científica etc.) costuma ser a atenuação do seu caráter exclusivo e não o aprofundamento da unicidade.

Tais operações sintáticas possuem propriedades rítmicas que asseguram a alternância das direções ascendente e descendente e evitam que a acentuação exorbite a ponto de extinguir a extensidade. Daí o necessário desvio direcional, da tendência progressiva à degressiva, para recuperar o equilíbrio tensivo que corresponde, nesse caso, a menos tonicidade regendo a unicidade e seu corolário, a exclusão, e mais diversidade expandindo os horizontes do conteúdo. Assim como a prosódia depende da boa interação entre acento e modulação, a consistência, no plano do conteúdo, pede que o assomo seja seguido de uma resolução e vice-versa. Sobre isso, comenta Zilberberg:

---

18. Claude Zilberberg, *Elementos de Semiótica Tensiva*, p. 19.
19. Nunca é demais lembrar a máxima que consta do Dicionário de Semiótica: "Na linguística, as coisas se sucedem de outro modo: aí o discurso conserva os traços das operações sintáticas anteriormente efetuadas" (Greimas e Courtés, *Dicionário de Semiótica*, p. 402).

Considerando que não há prática regular que não esteja em busca de uma justeza rítmica, de uma eurritmia, o fato massivo do *ritmo* sugere que a medida intensiva e o número extensivo buscam seu ajustamento (talvez guiados por um providencial princípio de constância...)[20].

ZONA DO ACENTO E DO INACENTO

Para tentar reproduzir, no plano do conteúdo, a evolução microcósmica que a silabação sugere no plano da expressão, o semioticista francês passou a operar com unidades mínimas, também conhecidas como "incrementos"[21], que permitem combinações mútuas bastante sugestivas para descrever as direções ascendentes e descendentes que nos conduzem ao acento e dele nos afastam. Trata-se, como já vimos, das partículas *mais* e *menos*. A primeira responde pela progressividade que leva à implosão ou, se preferirmos, à saturação dos acréscimos: *somente mais*. A outra partícula, responsável pela degressividade, também atinge o seu extremo quando, por sucessivos decréscimos, quase leva à extinção por não ter mais do que *menos: somente menos*. Esse seria, a nosso ver, o lugar teórico do "inacento", termo já empregado com frequência pela semiótica tensiva.

Se não chegamos de fato à extinção (*somente menos*) é porque o mesmo mecanismo semiótico, que inverte a direção progressiva no caso da exclusividade de *mais*, reaparece quando a hegemonia de *menos* tende a se tornar absoluta. O que está em jogo novamente é o desequilíbrio tensivo. Podemos reduzir significativamente a intensidade ou a apreensão de uma grandeza (ou

---

20. Claude Zilberberg, *Elementos de Semiótica Tensiva*, p. 110.
21. Claude Zilberberg, *La structure tensive*, p. 51.

ocorrência) que surge no campo de presença, deixando-a diluída na dimensão da extensidade entre outros fenômenos que não nos chamam a atenção, mas não podemos eliminar por completo o papel da intensidade na identificação dos valores distribuídos no âmbito extensivo. Se assim o fizéssemos, voltaríamos à "massa amorfa" saussuriana, noção que serviu para caracterizar um estágio anterior à formação do sentido[22]. Não podendo ir além da extinção desse mesmo sentido, o passo seguinte já supõe a recuperação de um mínimo de intensidade que diminua o excesso de *menos*. Em outras palavras, há que se pleitear um *menos menos* para o *restabelecimento* daquilo que deixou, ou quase deixou, de ter sentido. Mesmo assim, estaremos ainda numa faixa negativa de reconstituição da ascendência tensiva. Todos conhecemos esse estágio de apreciação subjetiva no qual utilizamos muitas vezes a expressão "menos pior" para caracterizar a melhoria insuficiente de uma dada situação.

De todo modo, o *menos menos* impede a permanência do inacento e dá início, no plano do conteúdo, ao que a teoria da silabação chamaria de explosão (<). O aumento dessa tendência permite que se entre na faixa positiva em direção ao acento, o que já denominamos anteriormente *recrudescimento*, o acento que incide sobre o próprio acento: *mais mais*. Nessa fase, a tonicidade e a alta densidade (concentração) do conteúdo já estão devidamente demarcadas e podem, dependendo do contexto, provocar *atenuação* antes mesmo de atingir seu ponto de saturação (*somente mais*). Também na silabação não é necessário que tenhamos a abertura máxima de um "a" para chegarmos à primeira implosão; a função pode ser desempenhada por um "i" ou

---

22. Ferdinand de Saussure, *Curso de Linguística Geral*, p. 131.

mesmo um "u", desde que se apresente como o auge do ponto vocálico. A diferença está no fato de que o excesso de *mais*, não podendo aumentar em razão de sua unicidade absoluta e seu desequilíbrio tensivo por supressão da extensidade, desemboca necessariamente na *atenuação* como continuidade aspectual, nos termos já comentados há pouco. Enfim, se temos *mais* em demasia, precisamos de *menos mais*. Nas palavras de Zilberberg:

> Se o *mais* pode ser atribuído ao restabelecimento e recrudescimento, o *demais* seria o significante que marcaria, na intensificação de uma vivência, a irrupção da primeira atenuação, em suma, de uma *singularidade*, do mesmo modo que Saussure, em *Princípios de fonologia*, atribuía o efeito vocálico, o *ponto vocálico*, à *primeira implosão*[23].

Ingressa-se, portanto, na descendência, correspondente à resolução (ou explosão), etapa que se distancia da zona do acento, às vezes por assimilação introspectiva das razões que levaram ao impacto, às vezes por paráfrases expandidas do efeito acentual e, até mesmo, por desgaste em função do tempo decorrido. Se a perda de tonicidade adquire caráter degressivo, deixando seus conteúdos diluídos em meio a outros de mesma natureza, entramos na zona do inacento ou da *minimização* que completa o percurso da descendência. Tal diminuição pode ser traduzida pelo *mais menos*. Depois dela, só resta o perigo de *extinção* (*somente menos*), sistematicamente evitado pelo imaginário humano[24],

---

23. Claude Zilberberg, *Elementos de Semiótica Tensiva*, p. 114.
24. Zilberberg lembra sempre que nosso imaginário, assim como a natureza na expressão aristotélica, tem horror ao vazio, mas se referindo à ausência de termos conceituais para construir a boa simetria nos modelos de análise (Claude Zilberberg, *Elementos de Semiótica Tensiva*, p. 57). Cremos, porém, que essa observação serve para todo caso de extinção, em ambos os planos da linguagem.

mas também pelo processo de silabação. Uma língua hipotética que contivesse apenas consoantes ou fechamentos oclusivos não vingaria como encadeamento significante. O destino da explosão é inexoravelmente a implosão (ver Figura 1).

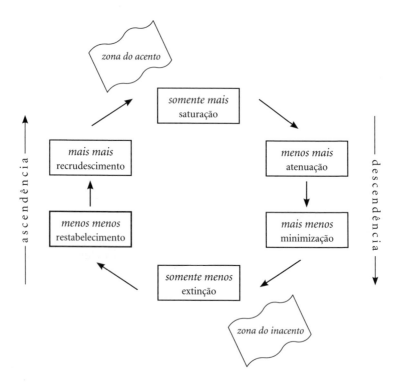

Figura 1. Direções Tensivas e Zonas do Acento e do Inacento

Inserimos as zonas de acento e inacento nesse esquema – representando as direções tensivas imanentes à forma do conteúdo – porque cremos que, apesar da origem sonora, o ponto de vista acentual mostra todo o seu rendimento quando aplicado às oscilações do sentido: "a problemática do acento é do âmbito do plano do conteúdo, tanto mais se a perspectiva for a de uma *prosodização* do conteúdo, sempre por recomeçar"[25]. Pode até mesmo nos auxiliar na compreensão do funcionamento dos modelos descritivos, sobretudo nos casos em que seus critérios preveem variações de pertinência.

ACENTO NO UNIVERSO CANCIONAL

No caso da linguagem da canção, por exemplo, em virtude da indispensável conjugação entre melodia e letra, encontramos sempre duas tendências que se equilibram mutuamente na proposta geral de cada composição: a musicalização e a oralização. Por mais que tenhamos contornos melódicos elaborados com recursos tipicamente musicais (conduções harmônicas improváveis, defasagens rítmicas na linha do canto, vasta exploração do campo de tessitura etc.), a participação da letra transforma esses contornos em unidades entoativas voltadas também para a emissão das frases linguísticas. As curvas musicais, que seriam abstratas na execução de um instrumento por exemplo, ao se adaptarem às frases verbais e à emissão vocal, nos passam a impressão de que expressam inflexões plausíveis de serem encontradas em nossas entoações diárias, não exatamente com as mesmas alturas, mas com perfis parecidos. Essa tendência à oralização – ou figurativização, na medida em que torna as curvas musicais menos abstratas – é um dos fatores de reconhecimento da linguagem cancional.

Pois houve momentos na história da canção brasileira em que o pensamento musical tornou-se hegemônico, a ponto de

---

25. Claude Zilberberg, *Elementos de Semiótica Tensiva*, p. 120.

balançar a convicção de que essa linguagem só se completa com a participação da letra. O mais conhecido é o período bossa-nova em meado do século passado. Por influência da música popular norte-americana que nos chegava pelos discos e, sobretudo, pelo cinema de Hollywood, alguns músicos brasileiros passaram a explorar novas configurações harmônicas e rítmicas para a criação de suas melodias, valorizando o papel dos instrumentos no ato de composição. A própria voz, em certos casos, chegou a ser concebida como um instrumento musical a mais que poderia variar o itinerário da linha original, improvisar intervenções e exibir as habilidades vocais do intérprete.

Vivemos então uma fase típica de recrudescimento musical, visto que até o modo de compor sofreu alteração significativa. Na "era de ouro" do rádio, nos anos 1930, os compositores criavam refrãos, frequentemente já com melodia e letra, depois iam atrás de um parceiro para fazer a segunda parte, tudo a partir de uma base harmônica rudimentar executada ao violão, ao piano, ao acordeon ou até mesmo sem qualquer apoio instrumental. A difusão maciça do jazz[26] alterou não apenas os arranjos finais das canções, mas também o seu modo de criação. O instrumento harmônico adquiriu funções técnicas que ultrapassavam em muito o simples apoio ao canto, tendo em vista que os encadeamentos de acordes, eles próprios bem mais dissonantes, passaram a sugerir caminhos melódicos aparentemente distantes das entoações da

---

[26]. Embora a principal influência do jazz na canção brasileira não venha diretamente dos grandes instrumentistas norte-americanos (George Lewis, Louis Armstrong, Jelly Roll Morton etc.), mas de sua impregnação um tanto diluída nas gravações de cantores como Bing Crosby, Doris Day, Dinah Shore, Frank Sinatra etc. ou no trabalho de compositores como Cole Porter, George Gershwin ou Richard Rodgers. Foi o jazz que resultou em canções de sucesso que chegou com força ao Brasil depois da Segunda Guerra.

fala. Apenas depois do recorte linguístico proposto pelo letrista as frases melódicas convertiam-se também em unidades entoativas recuperando o tanto necessário de oralização. Assim compuseram, entre outros, Johnny Alf, Carlos Lyra, Roberto Menescal, Tom Jobim, Dori Caymmi e Baden Powell.

Para manter o acento sobre o componente musical da canção o principal expediente da bossa nova foi retirar o "peso" da letra em boa parte do repertório. Mesmo que se falasse de amor, como no período dos sambas-canções e dos boleros, os versos tornavam-se mais delicados e os enredos menos dramáticos, fazendo com que a letra quase se ocultasse por trás das frases melódicas. Em outros casos, os letristas assumiam claramente um registro infantilizado (*Lobo Bobo*, *Bolinha de Sabão*, *O Barquinho*, *O Pato*) para igualmente mitigar o papel do componente linguístico na expressão cancional. Aproveitavam do recurso verbal o seu aspecto fônico gerando aliterações e sua branda narrativa, suficiente apenas para fazer do intérprete uma personagem. De todo modo, a simples existência da letra já garantia a perfeita manifestação da linguagem cancional, ainda que o acento incidisse claramente sobre a composição melódico-musical. Mas não eram raras também as criações que cultivavam letras mais densas atribuindo maior nitidez à atuação do componente entoativo (*Desafinado* e *Chega de Saudade*, por exemplo). Letristas como Vinicius de Moraes colaboravam justamente para atenuar o acento sobre a musicalização bem antes que esta atingisse o nível da saturação. Era como se, no modelo silábico, a implosão se confirmasse antes de alcançar a abertura máxima.

Isso não impediu, porém, que outros nomes fundamentais da bossa nova, como João Donato e até João Gilberto, contemplassem a possibilidade de supressão da letra em nome de um acento ainda mais expressivo sobre a musicalização. No primeiro caso, letristas do gabarito de Caetano Veloso e Gilberto Gil encarregaram-se de promover a atenuação musical, propondo ao pianista letras que transformavam imediatamente suas belas frases musicais em unidades entoativas apropriadas para veicular conteúdos verbais. Foi assim que peças de Donato como *A Rã* (parceria com Caetano Veloso) e *A Paz* (parceria com Gilberto Gil) renasceram com as medidas exatas para o universo da canção. No caso de João Gilberto, há sinais de recrudescimento musical em composições como *Um Abraço no Bonfá*, *Undiú* e *Acapulco*, todas instrumentais, mas com vocação cancional. Até que recebam letras e, com elas, seus acenos para a oralização, devem permanecer como experiências isoladas do grande intérprete em direção a uma espécie de "excesso" musical, quando avaliado do ponto de vista da linguagem da canção.

Mas tanto João Donato, em colaboração com seus letristas, quanto João Gilberto tratam o acento – ou ênfase – no componente musical como iminência de revelação de unidades entoativas inusitadas, cuja manifestação plena depende do encontro com frases linguísticas. No mundo cancional, o auge da musicalização já prevê o seu próprio declínio em favor dos indícios da oralização. Caso isso não ocorra, não se trata mais de canção.

Ao mesmo tempo, há um limite para esse declínio dos recursos musicais. A passagem da atenuação para a faixa negativa da minimização musical marca o ingresso na área do inacento, que já traz em si uma tendência à recuperação dos meios sonoros de estabilização dos torneios vocais (assim como a explosão já indica a restauração da sonoridade silábica). É o que fazem, por exemplo, os artistas do rap: retiram de suas canções boa parte do tratamento musical levando à quase extenuação do componente harmônico (*mais menos*), mas não deixam de buscar, no mesmo ato, a regularidade percussiva, riffs, citações sampleadas, vasto emprego de aliterações e uso de refrãos com vistas a um pronto restabelecimento da forma musical (*menos menos*). É comum que maestros, arranjadores e instrumentistas populares, formados com a convicção de que música envolve sempre melodia, harmonia e ritmo, levem em conta apenas a descendência musical assumida pelos rappers e ignorem seus gestos simultâneos de ascendência nesse mesmo quesito. Na realidade, são esses eventuais avaliadores que estacionam na extinção musical (quando dizem que rap não é música nem canção), uma vez que a tendência natural da área do inacento é sempre a de promover a transferência do *menos* ao *mais*. Se a harmonia decresce é porque os demais parâmetros (ritmo, timbre e dinâmica geral) já estão em franca direção progressiva.

Mas a contribuição específica do rap vai além. Sabemos que o encontro da melodia com a letra pode levar a *mais* musicalização (como na bossa nova), a *mais* oralização (como no rap) ou a um equilíbrio desses dois processos (como na maioria das canções brasileiras). Se o rap convoca literalmente mais oralização para as canções, a perspectiva da análise inverte-se: são as unidades entoativas com seus versos prosódicos que devem ser abordadas na zona do acento.

A indignação e a sede de denúncias típicas do rap fazem normalmente recrudescer a oralização com suas melodias instáveis e letras dissertativas e não é raro que seus cantores abandonem o texto previsto para improvisar declarações e depoimentos em forma de "fala pura", levando a figurativização ao extremo (*somente fala*). Mas faz parte do espetáculo ou da própria canção a imediata atenuação da crueza coloquial por meio do retorno à letra de origem, com suas rimas e assonâncias que se acomodam ao pulso da canção e refazem a prosódia rítmica. Boa parte das bandas, que reivindicam maior autenticidade em suas práticas engajadas (Racionais MCs, por exemplo), prefere não sair da zona do acento, entre o recrudescimento e a quase saturação dos recursos orais, permitindo apenas, como máximo de musicalização, certa contundência percussiva. Mas, com o passar do tempo, novos rappers não apenas flexibilizaram a hegemonia da oralização como também introduziram outros recursos melódicos, musicais e até emissões passionais (Emicida, por exemplo). Isso sem contar o rap *mainstream* de Gabriel, o Pensador, considerado pelos apreciadores do estilo acentuado como pura languidez oralizada. No entanto, é nesse formato de oralização menos exclusiva, cada vez mais musicalizada, que o gênero parece se impor definitivamente no Brasil (Marcelo D2, Criolo etc.). A direção descendente, ou declínio tensivo, supõe em geral a dispersão dos gêneros e dos estilos favorecendo a fusão e a mistura das atividades. Mas bem antes que desapareça a oralização explícita, não faltam artistas para restabelecerem a prática alimentando o gênero com novas direções ascendentes, o que mostra sua grande vitalidade neste momento.

EPÍLOGO

As noções tensivas de acento e inacento, quando compreendidas à luz da silabação saussuriana, ganham *status* de agentes dinamizadores das direções descendentes e ascendentes que orientam nossas quantificações subjetivas na formação do sentido. A zona do acento, com seu caráter implosivo, indica que os acréscimos já atingiram (ou estão prestes a atingir) o seu limite e que, inexoravelmente, passarão para uma etapa de declínio. Do mesmo modo, a zona do inacento, concebida como etapa explosiva, tende a evitar a extinção, substituindo o excesso de menos por *menos menos* e se dirigindo a uma nova fase acentual. Pode-se dizer que essas duas noções possuem a força dos "expoentes" hjelmslevianos, já que se coadunam com a direção, enquanto, nessa mesma perspectiva, as etapas de restabelecimento, recrudescimento, atenuação e minimização cumpririam o papel de elementos "constituintes"[27].

Após a fase do recrudescimento (*mais mais*), quando em direção progressiva, o acento assinala a possibilidade de saturação por excesso de *mais*. A articulação entre alta intensidade e diminuição da extensidade, ou seja, entre o máximo de tonicidade e o máximo de concentração tende à unicidade, a uma triagem redobrada, que, como vimos, põe em evidência a exclusão. Decorre provavelmente desse desequilíbrio tensivo (muita intensidade e quase nada de extensidade) a descontinuação ou a virada que conduz o *somente mais* ao *menos mais*, conforme prevê o esquema já visto. Essa atenuação é suficiente para o reaproveitamento do que fora excluído ou rejeitado anteriormente.

Assim também, a zona do inacento abrange a passagem degressiva do *mais menos* ao *somente menos* e, dentro da mesma correlação inversa entre as dimensões tensivas, quanto mais tênue a intensidade, mais difusa será a extensidade e, portanto,

---

27. Louis Hjelmslev, *Ensaios Linguísticos*, p. 174. Estamos cientes de que o horizonte linguístico de Hjelmslev para esses conceitos ia do fonema ao morfema e deste ao enunciado. Nossa abordagem destaca o interesse semiótico de tais categorias para um plano epistemológico de modelos sobre o sentido. Por outro lado, não se pode negar que já havia propósitos semióticos em todas as investidas teóricas do autor de *Prolegômenos a uma Teoria da Linguagem*.

mais indefinido o conteúdo que ingressa no campo de presença do sujeito. Com pouca relevância, os significados misturam-se a ponto de impedir a sua própria identificação. Esse novo desequilíbrio tensivo (muita extensidade e pouca intensidade) exige um aumento de tonicidade que recupere ao menos em parte a relevância do fenômeno (ou do objeto em questão) e, se possível, sua condição acentual.

Vimos que essas direções tensivas podem nos auxiliar na compreensão de aspectos de funcionamento da linguagem da canção, em especial nas tendências à musicalização e à oralização. A própria concepção de acento, emulando o itinerário da silabação, explica a passagem do climax de um desses processos a sua necessária atenuação e incorporação dos traços do processo oposto. Pudemos examinar dois casos diametralmente opostos de nossa história cancional, a bossa nova e o rap, em que as acentuações definiram as respectivas predominâncias do gênero – a musicalização no primeiro caso e a oralização no segundo –, mas já prevendo em ambos o movimento degressivo que permite o compartilhamento dos recursos até então cada vez mais exclusivos, impedindo, assim, a desfiguração da canção como linguagem.

7. O MODO DE SER DA LINGUAGEM VERBAL

REDUÇÃO E EXPANSÃO DO SENTIDO

O bom funcionamento da nossa língua de todos os dias depende de uma alternância até certo ponto equilibrada entre a redução de conteúdos em palavras-chave e sua expansão em argumentos discursivos. Estes lançam mão de outras palavras para explicar o significado daquelas e, não raro, acabam engendrando novas palavras-chave ou restaurando expressões antigas à luz de novos sentidos. Se numa conversa manifesto o meu "cansaço" diante de acontecimentos recentes, é previsível que esta palavra-chave tenha que ser desdobrada em diversos segmentos discursivos que explicarão e darão consistência à manifestação inicial. A depender do alcance persuasivo do que digo, o meu cansaço estará plenamente justificado e talvez até ganhe um peso extra, uma acentuação, que me permita dizer que estou mais do que cansado, estou "exausto"!

A linguagem verbal vive dessas equivalências imperfeitas entre o significado dessas unidades mínimas (as palavras) e suas versões expandidas em frases e discursos. Por serem imperfeitas essas correlações, sentimos que as explicações, mesmo as mais alongadas, não chegam a esgotar o sentido da palavra em exame. Ao mesmo tempo, em algumas circunstâncias, podem ultrapassar o que seria o seu sentido básico, agregando-lhe valores até então insuspeitados, como no exemplo da passagem do cansaço à exaustão.

O interessante desse processo é que tanto a versão concentrada quanto a versão expandida do sentido linguístico são formadas com palavras, o que nos expõe de imediato ao poder metalinguístico dessas unidades: palavras definem (e redefinem) palavras. Mudam apenas as suas posições no fluxo geral da linguagem. Quando estão na berlinda, tornam-se palavras-chave, aquelas que roubam a atenção dos leitores ou interlocutores envolvidos com o tema. Quando atuam sintaticamente ao lado de outras para reconstruir o mesmo sentido de forma analítica tornam-se elementos auxiliares na compreensão das palavras sintéticas. Podemos dizer, assim, que essas últimas, por estarem em foco, recebem um acento especial de sentido, enquanto as demais se mostram até certo ponto individualmente atonizadas para que possam descrever em conjunto o teor dos termos em destaque. De todo modo, todas as palavras inacentuadas de uma dada sequência discursiva conservam sua vocação para, em outro contexto, protagonizar conteúdos na condição de palavras-chave.

Na obra que deu origem aos estudos regulares de semiótica na França, Greimas[1] já propunha essas tendências à "expansão" e "condensação" da linguagem como ponto de partida para se pensar o seu instigante conceito de "isotopia" discursiva. O autor

1. Algirdas Julien Greimas, *Semântica Estrutural*, pp. 97-103.

chamava a atenção para o fato de que a equivalência de conteúdo entre uma palavra sintética e uma sequência linguística mais desenvolvida era algo que caracterizava o "funcionamento normal do discurso". Lembrava ainda que os lexicógrafos, mesmo sem o dizer, baseavam suas técnicas de elaboração dos dicionários na descrição sistemática da equivalência entre elementos condensados e elementos expandidos, numa dinâmica bem conhecida pela qual todas as palavras selecionadas serão tomadas em algum momento como "denominações" (os verbetes) e, em outros, como instrumentos indispensáveis para formular as "definições" em seu formato estendido.

Greimas observava então que, mesmo imitando o modelo das definições lógicas, os dicionaristas alcançavam uma "equivalência provisória", "efêmera", mais "livre e aproximativa" que exata. Nesse sentido, reproduziam o funcionamento normal da língua cotidiana dentro de um padrão culto. Mas, para quem preferisse um exemplo mais próximo ao mundo coloquial, o semioticista mencionava o caso das palavras cruzadas que, invertendo o modo dos dicionários, partiam das definições para se chegar às denominações num sistema bem menos rigoroso que o utilizado pelos lexicógrafos, mas, de toda maneira, estabelecendo equivalências parecidas com as que produzimos diariamente em nossos discursos.

Mais que a existência das versões reduzida e expandida no nosso universo de sentido verbal, o autor lituano destacava a noção de equivalência entre elas, ainda que esta fosse considerada provisória ou, na nossa visão, imperfeita. No intuito de "corrigir" ou ao menos aprimorar essa relação, os falantes mantêm a língua em eterna evolução: novas explicações geram novas palavras que estimulam novas explicações e assim por diante. Enfim, as equivalências seguem imperfeitas, mas o pensamento e a linguagem não cessam de progredir nas tentativas de ajustá-las.

É preciso dizer que Greimas formulou essas observações sobre a linguagem há mais de cinquenta anos, quando a linguística apenas entrevia a possibilidade de abordar os textos e os discursos com o mesmo rigor aplicado até então aos níveis morfológico (das palavras) e frasal. Por isso, seus exemplos se limitavam às equivalências óbvias do tipo "mastigar ≈ triturar os alimentos com os dentes", nada que ultrapassasse a dimensão da frase. Mas o "princípio de equivalência de unidades desiguais" como matriz do funcionamento linguístico estava dado. Hoje, não é difícil distinguirmos esse princípio atuando na criação de todo gênero de texto, oral ou escrito, desenvolvido em nossa língua.

Talvez fosse contraproducente, por exemplo, examinarmos a equivalência entre a palavra-chave "sonho" (ou mesmo "interpretação") e os dois volumes que Freud escreveu sobre o tema pela simples desproporção que há entre sua unidade sintética e seu desenvolvimento analítico, mas isso não impede que possamos reconhecer as relações habituais entre título e obra como expressão do mesmo princípio de equivalência linguística. Nesse caso, porém, as análises identificariam na obra dezenas ou centenas de equivalências internas entre outras denominações e definições, que certamente demandariam um exame prévio até que, por fim, pudéssemos tratar da correspondência mais ampla entre título e obra. É sempre necessário certo ajuste entre, de um lado, as palavras em foco e, de outro, suas expansões linguísticas consideradas pertinentes para a análise em questão.

Mas além da equivalência entre unidades desiguais podemos identificar nessa atividade linguística um processo de mobilização que faz com que as palavras sintéticas dirijam-se necessariamente às formas expandidas e vice-versa. Em outros termos, para o bom desempenho da língua, as denominações precisam ser constantemente definidas e as definições, constantemente denominadas. Quanto mais pungente o acento sobre uma determinada palavra (por sua pertinência científica, sua oportunidade política, seu brilho artístico etc.), mais aumenta a urgência de uma elaboração extensa que ao menos diminua a sobrecarga de sentido concentrada naquela unidade. A versão expandida nunca tem a mesma força, visto que sua função é justamente a de desacentuar o que estava excessivamente acentuado, mas em compensação literalmente troca em miúdos os significados implícitos que elevaram o valor da palavra.

O MODELO SONORO

Nossa escolha de palavras derivadas de "acento" para entendermos melhor a relação das tais unidades linguísticas traz um propósito indisfarçável: por analogia ao plano sonoro da linguagem (plano da expressão ou significante), torna-se mais fácil expor o funcionamento do plano do conteúdo. O linguista Louis Hjelmslev[2] já chamava a atenção para isso desde a primeira metade do século passado. Pensemos, por exemplo, nas melodias que acompanham nossas falas cotidianas. Podemos ouvi-las com nitidez, pois estão impregnadas nas vogais dos enunciados emitidos, especialmente se abstrairmos as consoantes responsáveis pelas brevíssimas rupturas no som desses contornos. Essas melodias, de natureza mais prosódica que musical, são orientadas por

---

2. *Ensaios Linguísticos*, p. 174.

acentos e modulações (ou entoações), os primeiros estabelecendo as sílabas tônicas das palavras e essas últimas estendendo suas curvas ascendentes ou descendentes por toda a sequência vocal. Enquanto os acentos fônicos exercem uma influência circunscrita ao âmbito das palavras, indicando suas sílabas mais intensas, as modulações tendem a se expandir pelas frases ou até mesmo para além delas.

Embora observem os acentos pontuais das palavras como verdadeiras balizas para as suas evoluções melódicas, as modulações normalmente aplainam boa parte desses acentos para valorizar os que coincidem com o ápice de sua curva ascendente ou com o final de seu descenso conclusivo. É previsível que nesses pontos coincidentes aumente a equivalência entre o elemento concentrado (o acento) e a linha expandida (a modulação) da cadeia sonora, o que não ocorre quando as demais saliências acentuais se ofuscam dada a primazia da curva oscilatória das entoações. Nesse último caso, que revela igualmente uma equivalência imperfeita no plano da expressão, as melodias prosódicas atenuam os acentos, assim como, no plano do conteúdo, as definições extensas, em tese, diminuem o peso conceitual contido nas palavras-chave.

Por outro lado, sabemos que pode acontecer o contrário tanto na sonoridade quanto no significado. A valorização do acento habitual de uma palavra por sua coincidência com o apogeu da linha melódica vem em geral acompanhada de aumento de altura e duração, criando assim um hiperacento bem mais chamativo que o simples acréscimo de intensidade. Do mesmo modo, não é raro que a versão expandida da palavra-chave ultrapasse sua equivalência usual e atribua à denominação conteúdos, vantajosos ou prejudiciais, até então inconcebíveis.

EQUÍVOCOS DE HOJE

Temos convivido com isso nesses últimos tempos. Termos como "mulata", por exemplo, que sempre tiveram alto índice de ocorrência em nossa linguagem oral e que se consagraram em letras de nosso repertório cancional do século passado, de repente se viram acrescidos de sentido pejorativo certamente oriundo de suas atuais versões expandidas, nas quais aparecem justificativas etimológicas para que se evite o seu emprego. Se as expansões discursivas de outrora, veiculadas não apenas pelo samba, mas também por obras clássicas da sociologia e antropologia brasileiras, não são mais suficientes para redimir a palavra, talvez uma simples explicação linguística – alertando para o fato de que as raízes etimológicas são curiosas e interessantes, mas não constituem "essências" imunes aos efeitos do uso prolongado das palavras na vida social –, pudesse contribuir para a evolução natural do conceito, em vez de estigmatizá-lo retirando-o prematura e artificialmente do jogo saudável da contração e expansão.

O poder do discurso está justamente em sua atividade metalinguística, ou seja, em sua apresentação inesgotável de palavras que versam sobre palavras, ora sintetizando-as, ora desdobrando-as. No limite, podemos dizer que as palavras não são as palavras, mas, sim, o que elas desencadeiam para causar modificações no seu próprio sentido. Se forem censuradas, por exemplo, voltarão com outros significantes, pois seus desenvolvimentos argumentativos continuam operando em direção a nova solução sintética. No fundo, para "matar" definitivamente uma palavra seria necessário extinguir também a sua expansão em outras palavras, o que até hoje nunca aconteceu.

Já houve a experiência de expandir uma palavra sem a contribuição de outras, claro que no domínio poético: "rose is a rose is a rose is a rose" (Gertrude Stein). Aqui, em vez de explicações e argumentos encontramos a intensificação do acento, da ênfase, sobre a mesma denominação, como se fosse inútil tentar defini-la, desenvolvê-la ou transformá-la em outra palavra que não ela própria (o mesmo ocorreria com a flor, sua referência no mundo natural). Temos, assim, um hiperacento (ou uma hiperênfase) que agora recai sobre a unidade mínima de sentido: usa-se a expansão para intensificar a concentração no mesmo conceito, assim como, já vimos, a modulação pode também exacerbar o acento de uma palavra no plano da expressão. O efeito específico causado por essa solução apoia-se no fato de que nossa gramática interiorizada prevê que as expansões linguísticas sejam feitas com unidades lexicais diferentes da sua forma reduzida. Quando isso não ocorre, cria-se uma singularidade irrepetível que só em casos muito particulares (como este, no terreno poético) acabam sendo acolhidos pela comunidade.

Afinal, mesmo no contexto poético, o que prevalece é a alternância entre ambas as dimensões do sentido, com a mais ampla desenvolvendo e frequentemente transformando a ideia que estava condensada na denominação. Podemos então verificar desde pequenas variações até verdadeiras reviravoltas no conceito habitual da palavra. Quando a mesma "rosa" ("rosa da rosa") foi tratada por Vinicius de Moraes, em "A Rosa de Hiroshima"[3], suas extensões incorporaram referências a cirrose, radioatividade, hereditariedade, estupidez, invalidez, de tal modo que a famosa explosão em forma de cogumelo se viu substituída pela imagem da

---

3. Vinícius de Moraes, *O Melhor de Vinicius de Moraes*, p. 72.

flor, convertida assim na "antirrosa atômica": aquela que anula os traços marcantes da palavra-chave inicial ("sem cor sem perfume sem rosa sem nada").

Não há dúvida, porém, que esse funcionamento linguístico é ainda mais notável no campo da prosa e das nossas comunicações cotidianas. Até mesmo essas inversões de sentido (como a ocorrida com a denominação "rosa"), que terminam por afetar as respectivas palavras-chave, são comuns na vida da linguagem ao longo do tempo. O escritor e jornalista Sérgio Rodrigues[4], por exemplo, versando em coluna recente sobre o sentido de "moleque", constata que o termo perdeu a acepção racista que marcou sua adoção no Brasil há quase quatro séculos e acrescenta que, por outro lado, a palavra "ganhou expansões de sentido que a projetaram em duas direções principais, uma positiva e uma negativa: a do sujeito engraçado e do cafajeste". Tais "expansões" podem ser entendidas como ampliações de sentido, mas também como versões expandidas que provocaram mudanças altamente significativas na denominação original.

EPÍLOGO

Citamos esses casos de alteração extrema do sentido das palavras-chave para compreendermos até que ponto se pode estender o conceito sintetizado nessas unidades mínimas de significação. Em geral, as expansões trazem pequenas variações que ora alargam, ora restringem o seu campo semântico até então consolidado. Apenas com o tempo decorrido, a depender da frequência de

---

4. "O Paradoxo do Moleque", p. B3.

uso do termo em questão, serão observadas modificações realmente expressivas. O importante é admitir que o sentido da versão reduzida continua a se formar na versão expandida, a qual, por sua vez, dirige-se nitidamente para uma outra concepção sintética. Ainda que essa nova unidade conserve a sua expressão sonora, esta já não terá mais a mesma configuração de conteúdo. Nem a "mulata" nem o "moleque" poderão ser reduzidos a sua presumida essência, depois de passarem através dos tempos pelas citadas expansões. Na verdade, nem a "rosa". Por mais que G. Stein tenha dispensado a ação de outras palavras para explicar o sentido do seu tema, a quarta aparição de rosa já não é mais idêntica à terceira nem à segunda nem, muito menos, à primeira. Assim como as sílabas tônicas das palavras se deslocam sob o efeito das modulações, seus sentidos, igualmente, jamais serão os mesmos após as expansões.

Privar artificialmente uma palavra de sua elasticidade natural (contração e expansão) equivale a sacralizá-la como algo impronunciável por sua grandiosidade ou a estigmatizá-la como algo passível de censura sumária. É quando cessa o poder transformador da linguagem e entram em cena outras esferas de decisão que independem do discurso para convencer.

8. O REFLEXO DO PARADOXO EM "O ESPELHO"

PARADOXO E CONCESSIVIDADE

Em uma de suas raras entrevistas[1], João Guimarães Rosa comenta a presença do paradoxo em sua obra. O modo como entrevistador e entrevistado ingressam no tema, porém, chama a atenção por suas inflexões aparentemente desconexas. Diz Lorenz:

[...] Você é precedido de uma fama legendária, diz-se que você conhece muitas línguas e aprendeu umas somente para poder ler um determinado autor no original. Sabe-se que você como diplomata, como cônsul brasileiro em Hamburgo, provocou, nada diplomaticamente, Hitler e salvou a vida de muitos judeus...[2].

---

1. Concedida a Günter Lorenz, autor de resenha sobre a primeira versão alemã (1964) do livro *Grande Sertão: Veredas*, por ocasião do Congresso de Escritores Latino-Americanos" realizado em Gênova (1965).
2. Günter Lorenz, "Diálogo com João Guimarães Rosa", p. 273.

Ao que Guimarães Rosa replica:

> Tudo isso é certo, mas não se esqueça dos meus cavalos e das minhas vacas. Uma vaca e um cavalo são seres maravilhosos. Minha casa é um museu de imagens de gados e cavalos. Quem lida com vacas, quem lida com cavalos aprende muito para sua vida e a vida dos outros [...][3].

Pouco depois, ao longo de sua argumentação, é possível entender que o olhar entristecido desses animais já contém o lado trágico da vida com o qual o sertanejo ou o vaqueiro estão habituados a conviver. Mas isso não chega a diluir a passagem brusca da dimensão universal da pergunta para o foco concentrado e particular da resposta do escritor mineiro. Para ele, o gesto literário consiste justamente nessa descrição do infinito e da eternidade pelos detalhes que acompanham os fatos e os acontecimentos. O exemplo mais gritante, no seu caso, é o da transformação do cosmo em sertão. Se o universo é o todo que não conseguimos atingir, talvez os seus dados já estejam reunidos nessa maquete bem brasileira.

Embora esses saltos de conteúdo sejam frequentes no pensamento e nas obras de Guimarães Rosa, não escapou ao entrevistador o seu caráter paradoxal (no sentido de falta de nexo no diálogo e de pouca coerência com sua formação de médico e diplomata), imediatamente frisado na questão seguinte:

> Desculpe-me, mas não soa isso tudo um pouco como um paradoxo, se for posto em relação com a sua biografia?[4]

E o autor se explica:

---

3. *Idem, ibidem.*
4. *Idem*, p. 274.

Não somente isso soa assim. Isso tudo, a vida inteira, a morte são no fundo paradoxos. Os paradoxos existem para que seja possível exprimir algo para o qual não existem mais palavras. [...][5]

Para ele, a criação de paradoxos é inerente ao manejo literário da língua, esta "única porta para a eternidade"[6], o que justifica as constantes buscas do escritor de novas sintaxes, novas contrações lexicais, deformações de provérbios, intervenções enunciativas, pontuações inesperadas, enfim, tudo que possa figurar como atalho para a construção de significações próximas à área "indizível" de nossas vidas. De fato, há considerável distância separando as regiões de conteúdo que compõem o paradoxo, mas ao formulá-lo com seus recursos linguísticos peculiares, Guimarães Rosa promove sua aproximação identificando no centro da diversidade os seus elementos comparáveis. Como exemplo no plano lexical, ao final do conto "Substância", em *Primeiras Estórias*, temos as criações "coraçãomente" e "pensamor", reunindo os domínios do sensível e do inteligível, fartamente explorados ao longo do texto. Em formações como essas, ao invés das polarizações do paradoxo, Guimarães Rosa enfatiza o vínculo que permite a coexistência dos contrários. Substitui, assim, a relação de oposição pela de participação[7]. Nos exemplos citados, as tradicionais oposições [coração *ou* mente] e [amar *ou* pensar] são convertidas nas uniões: [coração *e* mente], de um lado, e [pensar *e* amor], de outro.

Mas é na composição dos paradoxos expandidos, os que tomam a dimensão do texto integral, que o autor obtém seus re-

---

5. *Idem, ibidem.*
6. *Idem*, p. 293.
7. Louis Hjelmslev, *La Categoría de los Casos...*, pp. 142 e 158.

sultados mais decisivos. Podemos resumi-los na ampla oposição vivida por seus personagens e que, em geral, põe em confronto o plano da espera, onde se acomodam as crenças da comunidade, as leis da natureza, os usos e costumes cotidianos, com o plano dos acontecimentos, objetivos e/ou subjetivos, que suspendem a evolução narrativa para dar lugar às revelações, às alterações de personalidade e de conduta e, sobretudo, à valorização dos mistérios. Desse modo, os conteúdos mágicos, ilógicos, incontroláveis se transformam em matéria prima do escritor que chega a dizer que a única realidade de seu universo de sentido (o sertão) é o inacreditável[8].

Embora aprecie bem mais a literatura do que as ciências humanas de sua época[9], Guimarães Rosa formula exatamente as mesmas questões sobre a construção do sentido que aparecem no ideário da semiótica atual, especialmente a que se dedica ao estudo dos acontecimentos nos espaços tensivos. Provavelmente, esse emparelhamento com a pesquisa universitária seria o último desejo do autor de *Grande Sertão: Veredas*, mas não podemos deixar de constatar que há convergências impressionantes (até mesmo terminológicas) entre as concepções ficcionais do autor mineiro e os métodos narrativos e tensivos hoje em discussão. Já abordamos isso em trabalho recente (2010), mas vale a pena retomarmos o assunto, a partir de outro conto do autor, justamente o que simula com ironia uma inusitada investigação científica: "O Espelho"[10]. Convém ponderar que o lado "científico" da ex-

---

8. Günter Lorenz, "Diálogo com João Guimarães Rosa", p. 305.
9. Na entrevista que vimos comentando, chega a dizer que "a Filosofia é a maldição da língua. Ela mata a poesia." (Günter Lorenz, "Diálogos com João Guimarãe Rosa", p. 274)
10. João Guimarães Rosa, *Primeiras Estórias*, pp. 71-88. Daqui em diante, quando se tratar deste conto, citaremos apenas a página.

periência relatada na "estória" deve-se mais à busca de imparcialidade na observação dos fatos do que propriamente à forma de tratá-los.

Os estados e ações paradoxais para Guimarães Rosa correspondem à concessividade estudada pela semiótica. Mais que uma figura retórica ou um recurso frasal de validação do argumento contrário, a concessão abre uma possibilidade concreta de gramaticalização do acontecimento, ou seja, daquilo que surpreende o sujeito por não constar de sua espera narrativa. Ela suspende as relações implicativas que dão continuidade às fabulações, trazendo conteúdos impactantes, portanto, altamente tonificados, tanto em cenário atraente como em contexto aversivo; é comum que a concessão mantenha os acontecimentos concentrados no tempo e no espaço, mas permite também que o vigor do inesperado se expanda em ambas as dimensões[11]. As marcas linguísticas da concessão costumam aparecer na superfície dos textos reforçadas pelas conjunções habituais: embora, ainda que, não obstante etc., mas nem sempre essa explicitação é necessária. O formato mais despojado do pensamento concessivo pode ser encontrado em obra do próprio romancista em pauta. De fato, em "A Terceira Margem do Rio" – um caso, aliás, de acontecimento expandido – a decisão espantosa do pai (homem cumpridor e ordeiro), de permanecer singrando o rio pelo resto da vida, e a estranheza da situação que estarreceu sua família são apresentadas numa

---

11. O acontecimento expandido (ou extenso) manifesta-se quando o sujeito não consegue acreditar (ou compreender) que algo extremamente relevante, considerado impossível de ocorrer, está de fato ocorrendo. Em vez de um impacto pontual, a tensão causada por esse tipo de acontecimento só aumenta enquanto suas causas e consequências (ou sua própria natureza) não forem absorvidas pelo sujeito.

estrutura concessiva sintética, sem uso da respectiva conjunção: "Aquilo que não havia, acontecia"[12].

O DESTINADOR E A TRANSCENDÊNCIA

Talvez a busca da principal articulação concessiva do texto seja um expediente bastante rendoso para a análise geral das grandes obras. Mas no caso de Guimarães Rosa essa identificação é quase uma porta de entrada necessária para qualquer processo de investigação. Em "O Espelho", o enunciador dirige-se a uma segunda pessoa ("o senhor"), tratada com distinção e respeito por ter boa formação intelectual e experiência com pesquisas. A amizade entre ambos é recente, mas já permite que o primeiro lance ao outro um desafio investigativo que põe em oposição, de um lado, a imparcialidade ou neutralidade científica do observador e, de outro, o caráter evasivo e dissimulado do objeto de análise, cuja peculiaridade é não se deixar dominar pelo conhecimento, além de zombar dos que se aventuram nessa empresa. Na formulação do escritor: "Ah, meu amigo, a espécie humana peleja para impor ao latejante mundo um pouco de rotina e lógica, mas algo ou alguém de tudo faz frincha para rir-se da gente..." (p. 72).

Sob essa ótica ironicamente concessiva (*embora* se tente compreender o mundo, pouco ou nada se consegue), o enunciador relata sua experiência paciente e metódica voltada para o estudo profundo do espelho. Não se trata de examinar as leis da óptica, da física ou de outros fenômenos naturais. O seu foco incide sobre o "transcendente" (p. 71), no sentido de algo que está

---

12. João Guimarães Rosa, *Primeiras Estórias*, p. 33.

acima do conhecimento habitual e, por isso, mantém um caráter enigmático. Esse conceito, na semiótica narratológica, é atribuído ao *destinador*, actante que, dotado de qualificações, valores e habilidades preestabelecidos – próprios de uma instância que transcende o universo imanente ao texto – mobiliza o destinatário-sujeito na execução de projetos narrativos que miram objetos ainda fora de circulação no âmbito axiológico[13] onde se insere o sujeito. Cabe ao destinador transcendente, portanto, alimentar a competência modal (crer, querer, dever, poder e saber) de seu destinatário com doutrinas, instruções e motivações que o ajudem a ampliar sua visão de mundo e o persuadam a agir. Tanto para o contista como para a semiótica, o termo transcendente representa a influência de agentes e valores externos ao contexto narrativo ou à experiência relatada.

É desse mundo transcendente que procedem os mistérios tão caros ao escritor. Eles se manifestam nos fenômenos em geral, mas principalmente nos detalhes desses fenômenos que poucas vezes são levados em conta pelos observadores. Não é suficiente reconhecer que há mistério em todo e qualquer fato do mundo. É preciso saber que ele também está presente quando não há fato nenhum: "Tudo, aliás, é a ponta de um mistério. Inclusive, os fatos. Ou a ausência deles. Duvida? Quando nada acontece, há um milagre que não estamos vendo" (p. 71).

A razão de não vermos o "milagre" – se é que podemos dizer assim – tem explicação semiótica. Justamente por reunirem valores transcendentes, externos ao universo do sujeito narrativo, os "fatos" ou sua "ausência" dependem da atuação de um desti-

---

13. Axiológico diz respeito ao sistema de valores, já considerando seus efeitos de atração ou repulsa, no interior de uma comunidade.

nador, familiarizado com o mundo de fora, que oriente o sujeito em suas formas de percepção. Os milagres estão ocorrendo o tempo todo, mas só se tornam visíveis (ou observáveis) ao sujeito que desfrute desse apoio transcendental. Afinal, ele precisa saber ver (reparar), saber identificar e ainda crer nos novos valores que acaba de assimilar. Como esse apoio não é tão frequente, boa parte dos fatos e dos milagres cotidianos não chega a atrair a atenção do sujeito, portanto, não são vistos. Se houver, porém, um destinador fazendo a mediação entre universo imanente e universo transcendente e um destinatário-sujeito já habilitado (ou treinado) para perceber os possíveis "milagres", não é raro que surjam até mesmo os casos de vivências epifânicas.

O destinador, com maior ou menor acesso aos valores transcendentes, é uma função actancial que se define sintaticamente por estar em relação complementar com a função de destinatário, mas também por instruir este último a respeito dos valores associados aos objetos. É durante esse processo que se verifica a transferência de modalidades entre os actantes, com suas diversas técnicas de persuasão (pelas quais o destinador faz o destinatário crer, querer, saber etc.), e o encaminhamento do segundo actante, já na condição de sujeito, na direção do objeto escolhido. Não é difícil reconhecer que, em "O Espelho", a função de destinador recai, em princípio, sobre o próprio enunciador, na medida em que faz de tudo para convencer seu destinatário ("o senhor") da validade de sua investigação sobre, em última instância, o papel transcendente do espelho na vida de todos. Os recursos de persuasão estão expressos nas táticas mais óbvias: o primeiro actante seduz o segundo ao reconhecer suas qualidades de homem de ciência e, ainda, tenta impressioná-lo com as próprias demonstrações de equilíbrio de raciocínio, imparcialidade, métodos empíricos e até com desculpas por fraquejar em alguns momentos da pesquisa e deixar aflorar o seu lado humano ("Perdoe-me, o senhor, o constrangimento, ao ter de mudar de tom para confidência tão humana, em nota de fraqueza inesperada e indigna", p. 76).

Mas há também as estratégias de convencimento mais complexas. Se, por um lado, o destinador (aqui, manifestado em primeira pessoa) respeita e elogia seu destinatário (homem de ciência), por outro, ele o desafia a examinar o objeto de estudo por um novo ângulo, até porque, como diz o escritor, "os olhos... são a porta do engano; duvide deles" (p. 72). A técnica, então, é diferente. O destinador, sorrateiramente, deprecia o destinatário. Diz que se este nunca percebeu que mesmo os "retratos", tirados "de imediato um após outro", são diferentes entre si, "é porque vivemos, de modo incorrigível, distraídos das coisas mais importantes" (p. 71). E, no final do segundo parágrafo do conto, o actante transcendente já explicita o principal valor que deveria ser levado em conta na pesquisa sobre o espelho: "Não se esqueça, é de fenômenos sutis que estamos tratando" (p. 71). Assim, cabe ao destinatário-sujeito desenvolver as condições para apreender as *sutilezas* que, em geral, são as pontas visíveis dos mistérios. Para bem conduzir essa missão (dever), só mesmo estimulando novas maneiras de perceber o objeto, com atenção especial aos detalhes: "[...] as mais necessárias novas percepções" (p. 74). Saber impor um dever no âmbito do destinatário, de modo que este não possa recusar o desafio, é uma das formas mais requintadas de persuasão. Como o enunciador não dá voz ao enunciatário ("o senhor" não se manifesta durante a estória), ficamos sem saber se as estratégias persuasivas deram certo. Mas o enunciatário-personagem é menos importante para o escritor que os enunciatários-leitores entre os quais nos incluímos. E será que fomos devidamente persuadidos?

ACONTECIMENTO: INTENSIDADE E EXTENSIDADE

Guimarães Rosa instaura o contexto fictício de seus contos no próprio título do livro: *Primeiras Estórias*. Assim, mesmo com a argumentação científica desenvolvida em "O Espelho", não é possível que seus enunciatários embarquem na solidez teórica dos métodos empregados. Nada impede, porém, que o enunciador crie para si o simulacro de um "perquiridor imparcial", que se pauta pela neutralidade nas descrições do seu objeto e que se apoia em resultados lógicos oriundos de experimentos bem controlados. Do mesmo modo, o fato de haver uma intenção literária regendo o processo como um todo não desqualifica *in limine* o procedimento sistemático aplicado pelo narrador da estória. Sua conduta investigativa, expressa na busca das variações de sentido e de identidade geradas pelas imagens no espelho, não difere substancialmente das pesquisas acadêmicas dedicadas à significação, em particular, do enfoque tensivo adotado pela semiótica atual. Senão, vejamos.

A temática geral tratada pelo autor mineiro nesse conto é muito antiga: haverá um *ser*, autêntico e absoluto, por trás do *parecer*? A remoção dos dados aparentes pode conduzir à essência de alguém ou de algo? A abordagem operacional dessas questões, no entanto, orienta-se por critérios mais recentes, baseados na relação entre intensidade e extensidade. Claro que o escritor, em sua proposta literária, não se preocupa em estabelecer conceitos com oposições simétricas e articulações estruturais, mas não se pode negar, por outro lado, que suas soluções fictícias tangenciam o pensamento teórico. Ao examinar os reflexos e espelhamentos produzidos nas bolas de cristal para se prever o futuro, ele indaga: "não será porque, através dos espelhos, parece que o tempo muda de direção e de velocidade?".

Ora, a semiótica tensiva estuda a *direção* como fator de mobilização da extensidade, isto é, como encaminhamento para a concentração dos conteúdos ou, ao contrário, para a sua difusão. No primeiro caso, identifica um processo de triagem rumo à unicidade. No segundo, um processo de mistura, rumo à pluralidade. Já comentamos diversas vezes nos capítulos anteriores que o linguista Louis Hjelmslev distinguia em sua glossemática os elementos nominais (substantivos, adjetivos, artigos, pronomes etc.) como formas locais de concentração da linguagem e os elementos verbais (verbos, modos, tempos, aspectos etc.) como formas amplas de organização do texto integral. Essa oscilação tensiva será de grande valia para a compreensão da experiência relatada pelo enunciador.

A *velocidade*, por sua vez, define um dos tópicos da intensidade: o andamento, que pode ser veloz, como o reflexo da imagem no espelho, ou lento, como, por exemplo, a análise detalhada das transformações dessa imagem ao longo do tempo. Mas a intensidade opera também com graus de tonicidade, que acusam maior ou menor relevância dos conteúdos tratados num determinado contexto. Projetada sobre a extensidade, a tonificação do elemento concentrado pode retirar toda a importância das ideias difusas ou excessivamente genéricas, assim como a tonificação das misturas (tivemos o exemplo do tropicalismo brasileiro) pode enfraquecer as propostas de centralização nos setores culturais.

O personagem-enunciador do nosso conto vive um acontecimento revelador e inesquecível: a partir de um jogo de espelhos, identifica uma figura humana repulsiva que, em seguida, descobre ser ele próprio. Impactado com o fenômeno que atingiu sua vaidade de jovem, dá início a uma investigação meticulosa para saber qual seria de fato a "vera forma" do seu rosto. Depreende, nessa busca, as duas *direções* possíveis no eixo da extensidade: 1. o aumento progressivo de máscaras ilusórias, procedimento utilizado com naturalidade por todos que se miram no espelho ("ampliar o ilusório, mediante sucessivas novas capas de ilusão" – p. 74); esta direção, compatível com a mistura, segue o "pressuposto" de que "ninguém se acha na verdade feio" (p. 73), justamente porque se apoia num acúmulo de ilusões que se torna "um modelo subjetivo, preexistente" (p. 74); 2. a operação degressiva de "suspensão de uma por uma" (pp. 74-75) dessas máscaras fisionômicas, procedimento adotado pelo enunciador, na tentativa de elaborar uma triagem absoluta das imagens cabíveis; esta direção depende da "mestria" e da ação do pesquisador racional e desinteressado no sentido de "excluir, abstrair e abstrar" (p. 76).

O JOGO DO *MAIS* E DO *MENOS*

O perquiridor reconhece, todavia, que o pressuposto mencionado funda-se, com *mais* ou *menos* intensidade, num "preconceito afetivo": "Quem se olha em espelho, o faz partindo de preconceito afetivo, de um *mais* ou *menos* falaz pressuposto" (p. 73 – grifo nosso). O fato de não se achar feio não significa automaticamente se achar bonito. Observando-se no espelho, a pessoa pode não se achar muito feia, nada feia, relativamente bonita ou até especialmente linda, a depender de sua segurança e crença nas imagens ilusórias que se sobrepõem cada vez que se vê refletida. Importam, nesse caso, as partículas *mais* e *menos*, cujas combinações nos permitem graduar os estágios concebidos entre as apreciações estéticas extremas.

Como vimos atrás, Claude Zilberberg[14] sugere que trabalhemos com essas mesmas partículas, por ele denominadas *incrementos*. Aplicando-as ao texto do escritor mineiro, é fácil constatarmos que, no âmbito do "feio", se instala uma (auto)depreciação do sujeito, ou seja, um sujeito com o máximo de *menos*, enquanto, na expressão "ninguém se acha na verdade feio" (p. 73), teremos uma gradação ascendente que retira o sujeito da primeira condição e o coloca em fase de restabelecimento (*menos menos*), mas ainda numa faixa negativa. Se houver continuidade nessa progressão, a teoria prevê que o sujeito possa ingressar numa fase positiva da avaliação de si próprio, portanto, no domínio do *mais*. Nesse novo estágio, é comum que haja ainda um recrudescimento (*mais mais*) dessa impressão favorável, num processo de soma ou até de "multiplicação" – termo empregado tanto por Guimarães Rosa como por Zilberberg – dos fatores positivos.

Segundo o protagonista do autor mineiro, nem que nossa imagem refletida nos cause desagrados temporários, temos como referência um "ideal estético" possível de ser conquistado dentro de nossas características fisionômicas e de acordo com o pressuposto de que "ninguém se acha na verdade feio". Nesse sentido, cabe a todos "trabalhar um modelo subjetivo, preexistente" (p. 74) até atingir o máximo de sua expectativa estética e consequente satisfação afetiva. Cria-se então, no conto, uma relação de equivalência entre o aumento progressivo da intensidade da satisfação com a própria imagem e o aumento extensivo das "ca-

---

14. *La structure tensive*, p. 51.

pas de ilusão". Como o ideal estético está sempre um pouco além do que se consegue obter, o campo ilusório também não para de crescer. Não há dúvida, portanto, que a *direção* assumida pelos usuários do espelho é a que leva à mistura.

Já vimos que o enunciador toma a *direção* contrária, uma vez que a triagem lhe parece mais compatível com a abstração necessária à ciência e aos seus critérios de neutralidade. Interessante observar, porém, que antes de iniciar essa trajetória, o pesquisador passa meses analisando experimentos com alta *velocidade*: "rapidíssimo relance", "golpes de esguelha", "contra-surpresas", "finta de pálpebras", "tocaia com a luz de-repente acesa" e "ângulos variados incessantemente" (p. 74). Tudo isso para ver se seria possível chegar de maneira mais direta ao "eu por detrás de mim" (p. 73). Não tendo êxito na descoberta de um atalho, o personagem retoma a experiência mais ortodoxa em direção à triagem.

Se nossa imagem reconhecida no espelho é a soma ou multiplicação de "capas" ilusórias, primeira tarefa é compreender os elementos que compõem essa mistura, já que todos parecem "supérfluos" para quem busca o núcleo essencial do rosto refletido. Dentre os traços prováveis na formação da nossa imagem, o autor da experiência destaca, especialmente, a semelhança com determinado bicho, a formação hereditária e o "contágio das paixões". No primeiro caso, há "caras ovinas ou equinas", feições caninas (de buldogue, por exemplo) ou que lembram aves (papagaio, tucano etc.). No segundo, mais evidente, trazemos características de nossos antepassados e, no último, não podemos negar que nossa expressão fisionômica se altera de acordo com os sentimentos que nos afligem.

Seguindo a lógica interna desta ficção, o enunciador, antes de tudo, explica ao enunciatário como adquiriu "o estrênuo vigor de abstração" (p. 75) para a seleção dos elementos pertinentes e a eliminação dos demais. Lançando mão de práticas orientais, como a Ioga, e de outros exercícios espirituais que favorecem a concentração, aprendeu a "olhar não-vendo" (p. 75) os traços eliminados. No seu caso, identificado com a feição da onça, conseguiu observar a própria imagem abstraindo as características do felino, como se tivesse retirado, no dizer de Zilberberg, um pouco de *mais*, um pouco do supérfluo. Portanto, com essa atenuação (*menos mais*) – termo do semioticista e do escritor – já removia de seu campo de presença boa parte das camadas ilusórias: "Pouco a pouco, no campo-de-vista do espelho, minha figura reproduzia-se-me lacunar, com *atenuadas*, quase apagadas de todo, aquelas partes excrescentes" (p. 75 – grifo nosso). Procede do mesmo modo com as marcas hereditárias, suprimindo-as do olhar e avançando na direção descendente. No caso das paixões, o escritor já havia esclarecido que o "ódio", por exemplo, "reflui e *recrudesce*" (p. 74 – grifo nosso), deixando os seus sinais do rosto observado. "Refluir" corresponde, na semiótica, a *diminuir*, tanto na intensidade dos afetos quanto na extensidade dos elementos envolvidos. "Recrudescer", em Guimarães Rosa e na semiótica, significa *aumentar*, nas mesmas categorias[15]. Pois todas as paixões estampadas no rosto são agora atenuadas e minimizadas (diminuídas, "apagadas") na figura do espelho até desaparecerem do campo de visão.

Nesse ponto, o esforço de concentração e abstração para chegar ao seu "próprio aspecto formal" (p. 74) já trazia bons resultados, mas, paralelamente, alguns efeitos indesejados para a saúde do personagem. Tentando evitar as seguidas "dores de

---

15. Claude Zilberberg, *Elementos de Semiótica Tensiva*, p. 272.

cabeça" que vinha sofrendo, o investigador interrompe a árdua experiência da triagem. Quando a retoma, meses depois, percebe que os exercícios de depuração continuaram em sua mente mesmo durante a longa pausa, de tal modo que não havia mais nenhuma influência das ordens animal, hereditária ou passional, mas também não sobrara nada que pudesse significar, descartadas as ilusões, a essência da imagem. O refluxo – o processo de decantação do semblante espelhado, de diminuição de seus atributos – ultrapassou a minimização (*mais menos*) e atingiu a extinção (*somente menos*). Em vez da face reduzida a seus componentes básicos, o procedimento desembocou numa desfiguração completa: "partindo para uma figura gradualmente simplificada, despojara-me, ao termo, até à total desfigura" (p. 77). Como não havia um elemento central e identitário para ser analisado, a tonificação, a ênfase, recaiu sobre o nada, no plano da extensidade. Nada além do *menos*, diria o semioticista.

A EXTINÇÃO E O RESTABELECIMENTO

Este é um dos momentos decisivos do enredo, pois o enunciador revela a condição paradoxal em que se encontra o cientista metódico diante dos acontecimentos imprevisíveis que marcam a nossa vida. Em vez de comprovar sua hipótese básica de que haveria "uma existência central, pessoal, autônoma" (p. 77) – que, talvez, correspondesse à alma refletida nas explicações míticas de alguns povos –, o pesquisador se vê aturdido ao reconhecer que não há nada a ser observado por detrás da superficialidade dos traços animalescos, hereditários ou passionais. O resultado esperado, decorrente de um plano de triagens gradativas, desaparece como se nada merecesse um destaque afetivo ou cognitivo nem como mera curiosidade. É mais uma demonstração de que o pensamento racional, com seu roteiro implicativo de causas e consequências, se desfaz quando sobrevêm os acontecimentos que são, por natureza, desconcertantes. Nem precisaríamos repetir que o paradoxo central ou a ironia de base do conto é sempre a mesma: toda vez que tentamos organizar nosso conhecimento do mundo, "algo ou alguém de tudo faz frincha para rir-se da gente..." (p. 72).

Os estudos semióticos também consideram esse estágio de extinção total como um esvaziamento do campo de presença à vista de um igual esgotamento da subjetividade do ser humano e de sua capacidade de apreciar seus conteúdos vitais. Trata-se, respectivamente, de uma espécie de neutralização tanto da extensidade (contração ou expansão da abrangência do sentido), quanto da intensidade afetiva (maior ou menor importância atribuída aos dados em foco). Mas essa teoria incorpora atualmente o pensamento concessivo como recurso de gramaticalização do acontecimento, tentando fazer com que os fenômenos surpreendentes tenham o seu espaço no âmbito das oscilações tensivas. Foi um modo de acomodar no modelo semiótico a formulação de Greimas, fundador dessa ciência, que vagava nas páginas de sua última obra individual: "a espera do inesperado"[16].

O aumento progressivo de algo pode, a qualquer momento, tornar-se degressivo. Na frase "quanto *mais* se dedica ao trabalho, *menos* se beneficia", há uma concessão implícita: "*embora* se dedique cada vez mais, cada vez menos se beneficia". O paradoxo ou o inesperado desse raciocínio tornam-se tão possíveis quanto as construções implicativas ("quanto *mais* se dedica ao

---

16. Algirdas Julien Greimas, *Da Imperfeição*, p. 83.

trabalho, *mais* se beneficia"). Os mesmos argumentos servem para a diminuição. Basta lembrarmos os contextos nos quais se exalta a concisão estética e se diz que "*menos* vale *mais*". Servem também para compreendermos os destinos dos excessos de *mais* (saturações) ou de *menos* (extenuações, extinções): "O apogeu já é decadência, porque sendo estagnação não pode conter em si um progresso, uma evolução ascensional", dizia Mário de Andrade em seu "Prefácio Interessantíssimo"[17]. A saturação (somente *mais*) pede atenuação (*menos mais*), para que haja continuidade. Do mesmo modo, a extinção (somente *menos*) pede o restabelecimento (*menos menos*) de algo que deixou de existir. Todas essas reviravoltas, do aumento para a diminuição e vice-versa, constituem manifestações do pensamento concessivo ou, se preferirmos, articulações de elementos paradoxais.

Não é por outra razão que a ausência de um ser central, de um rosto "verdadeiro", após a eliminação das aparências enganosas, causa no autor da experiência um espanto prolongado – como um intervalo reservado ao acontecimento inesperado –, mas, ao mesmo tempo, induz o leitor à espera de uma reviravolta, por assim dizer, inevitável. No universo do sentido, a negação da extinção é tão necessária quanto a negação da saturação. O importante é a preservação do movimento, este constante "ir para", seja por gradação implicativa cadenciada, seja por saltos concessivos acelerados. No caso que nos ocupa, o enunciador interrompe o relato para entabular uma conversa paralela com o enunciatário sobre, justamente, sua inabilidade de contador de "estórias", antecipando assuntos que deveriam vir depois..., mas, na verdade, valorizando com isso a espera óbvia (pois faz parte de nosso rit-

---

[17]. Mario de Andrade, *Poesias Completas*, p. 26.

mo interno de convivência com o sentido) do restabelecimento do que fora extinto.

O período de espera da reviravolta, que se estende por "anos", compreendeu episódios de "sofrimentos grandes" e de aprendizados que foram paulatinamente modificando o modo de ser (e de enxergar) do enunciador. Tudo ocorre como se instruções transcendentes começassem a povoar o campo subjetivo do sujeito, trazendo novas modalidades e novos valores que provocam mudanças essenciais em sua visão de mundo. Vai-se constituindo, então, outro gênero de destinador que capacita o destinatário-sujeito a ver e apreciar sinais que lhe eram indiferentes ou, em termos mais rosianos, a distinguir as pontas de "milagre que não estamos vendo" (p. 71). O ator que cumpre rigorosamente esse papel transcendente é o próprio espelho: "O espelho mostrou-me. Ouça. Por um certo tempo, nada enxerguei. Só então, só depois" (p. 77)[18].

Como já vimos, o caráter transcendente do destinador diz respeito à sua função de alimentar ou ampliar o universo de sentido do sujeito, pondo em circulação objetos e valores que estavam fora de alcance, até mesmo do ponto de vista perceptivo. É o espelho quem orienta o pesquisador a enxergar "outras coisas", bem diferentes das capas ilusórias que atraem de imediato nossa atenção. E são "coisas" para serem observadas em dimensão tensiva mínima: "São coisas que se não devem entrever; pelo menos, além de um tanto. São *outras coisas*, conforme pude distinguir, muito mais tarde – por último – num espelho" (p. 78 – grifo

---

18. O papel de destinador permanece na instância do enunciador do conto, mas se enfraquece diante da presença de um personagem mais decisivo exercendo essa função: o espelho. Perante este último, o enunciador se comporta como simples destinatário dos valores transcendentes.

nosso). Trata-se, de fato, de um restabelecimento da feição desaparecida, mas a partir de um despontar de traços ainda átonos ("tênue", "débil") no plano de intensidade, apenas prefigurando o brilho ("cintilação", "radiância") que viria depois: "o tênue começo de um quanto como uma luz, que se nublava, aos poucos tentando-se em débil cintilação, radiância. Seu mínimo ondear comovia-me, ou já estaria contido em minha emoção?" (p. 77). E, claro, o comprometimento emotivo do sujeito com os primeiros sinais de recuperação.

EPÍLOGO

Acima de tudo, o enunciador demonstra um cuidado especial para indicar que esse restabelecimento não se refere ao rosto anterior ("não este, que o senhor razoavelmente me atribui"), mas ao nascimento de um novo rosto ainda em via de se configurar. Seu estágio, no plano da extensidade, permanece fiel ao *menos menos* (recentemente egresso da extinção) nas expressões por nós grifadas: "o *ainda-nem-rosto – quase delineado*, apenas – mal emergindo, qual uma flor pelágica, de nascimento abissal... E era não mais que: rostinho de menino, de *menos-que-menino*, só" (p. 78).

O novo destinador transcendente, materializado no espelho e portador dos valores externos, trouxe as condições básicas para a mudança de olhar do enunciador. Faz parte dessas condições a sensibilidade para apreender sutilezas, definidas como pontas visíveis dos mistérios. O pesquisador já começa por reconhecer um primeiro "detalhe", de ordem pessoal, que talvez tivesse propiciado a sua identificação dos traços de pureza associados à nova imagem refletida: "Por aí, perdoe-me o detalhe, eu já amava – já aprendendo, isto seja, a conformidade e a alegria" (p. 78). Trata-se de um *saber*, recém-adquirido de seu contato com o espelho, que denota, por outro lado, sua abertura ao mundo exterior por meio de um vínculo profundo com alguém de fora (do espelhamento, da experiência descrita, da conversa científica e, até então, da própria estória relatada). Esse detalhe, contado de passagem, é suficiente para nos indicar que, com o passar do tempo, já não se trata mais da mesma pessoa. Entre o princípio de identidade, que faz com que todo ser humano se sinta um pouco do que foi no passado, e o princípio de alteridade, que atesta que esse mesmo ser já não é mais exatamente o que foi no passado[19], o acento recai sobre este último.

De maneira muito delicada, o escritor deixa entender que é a alteridade que permite o restabelecimento da identidade em outras bases, já despojadas dos entraves ilusórios que determinam a fisionomia vista no espelho. De fato, a triagem inicial não foi em vão: a técnica da "vida" exige "o consciente alijamento, o despojamento de tudo o que obstrui o crescer da alma". Como se precisássemos limpar o terreno para distinguirmos o *ser* – ou a "alma" – por entre as frestas do *parecer* e para, se possível, fazê-lo recrudescer em todo o seu esplendor na hora do "salto mortale" (p. 78), como diz o escritor, ou na eclosão da mais alta intensidade sobre o ato de "existir" completamente, como podemos todos dizer – enfim, persuadidos – depois da leitura do conto.

---

19. Edward Lopes, "Paixões no Espelho...", p. 159.

9. O MUNDO DA CANÇÃO

SUBJETIVIDADE INERENTE

Mais que outras formas de manifestação artística, a canção tende a expor seus autores e intérpretes aos ouvidos e olhares públicos. Mesmo quando os indicadores "eu", "pra mim", "comigo" ou qualquer outra referência à primeira pessoa desaparecem de suas letras, há sempre o som da voz nos lembrando que alguém está à frente do processo cancional, expressando opiniões, sentimentos, atitudes ou simplesmente contando histórias de modo invariavelmente envolvido. Não se pode ser objetivo numa canção, pois a melodia não deixa. Pode-se quando muito diminuir o grau de subjetividade da letra, falando de assuntos que não se remetem diretamente ao eu lírico, embora, mesmo assim, brotem sinais de uma visão de mundo particular.

Um bom exemplo é *Lugar Comum* (João Donato / Gilberto Gil). Seus versos não fazem alusão explícita ao mundo interior de quem os enuncia, mas a melodia, com seus motivos quase iguais em descendência progressiva ("A água bateu / O vento soprou / O fogo do sol / O sal do senhor"), assegura a identidade entre esses temas sonoros e, desse modo, revela a paz interior de quem pode prever no seu canto o movimento ritualístico da natureza. "Prever" é alimentar a espera e de certo modo afastar o incômodo das ocorrências bruscas e fortuitas. Toda vez que os contornos melódicos se reiteram, ainda que evoluindo gradativamente para a região aguda ou grave do campo de tessitura de uma canção, configura-se uma previsão na rota do canto suficientemente concreta para demonstrar a confiança do intérprete no percurso escolhido. Nesse sentido, a melodia em si já se encarrega de expor o universo subjetivo do autor-cantor antes mesmo das precisões enunciativas trazidas pela letra.

Acontece que todas as frases melódicas, mesmo as que são concebidas de um ângulo estritamente musical, tornam-se também unidades entoativas, com força prosódica, a partir do instante em que começam a conviver com as frases verbais propostas pelo letrista. Depois do recorte linguístico, a melodia passa a ser ouvida de outro jeito: mantém suas características musicais, mas agora seus contornos inauguram um "modo de dizer" a letra. O processo em si não é muito distante do que produzimos diariamente em nossas falas, dado que não há frase oral desprovida de inflexão entoativa. Mas enquanto aqui as curvas se apresentam instáveis em suas alturas e durações vocálicas, as melodias cancionais em geral se definem e se estabilizam seguindo parâmetros musicais. Por isso, podemos dizer que a linha melódica do canto traz sempre um valor musical associado a um valor entoativo, ou seja, uma forma sonora impregnada de vigor prosódico. Por isso, também, todos os falantes de uma língua natural estão aptos a compreender e desfrutar a linguagem da canção.

Por mais musical que seja o pensamento do melodista, não há como evitar a prosodização da sua obra depois da ação do letrista. Por isso, como já destacamos, no mundo da canção o destino de toda melodia é se transformar também num modo de dizer. Claro que essa transformação pode ser graduada pelo autor da letra. No nosso exemplo, João Donato havia composto sua melodia sem o intuito de convertê-la em canção. Tudo indica que Gilberto Gil escreveu seus versos respeitando esse desígnio inicial e fazendo o possível para não interferir demais no projeto musical do parceiro. Daí a distância enunciativa cultivada no texto, com um "eu" quase ausente, apenas pressuposto, e a contemplação isenta das flutuações da natureza. Ou seja, não podendo dissipar a força prosódica do canto, só resta ao autor amenizar seu envolvimento subjetivo com recursos linguísticos que evitem remissões diretas à primeira pessoa. Parece ter sido essa a opção de Gilberto Gil. Nem assim, porém, conseguiu libertar a canção de seu sujeito. Os torneios da voz são suficientes para indicar que há alguém sensível conduzindo os conteúdos da letra.

De acordo com essas observações, ainda que o interesse musical seja prevalente numa dada composição, a obra não se completa sem as figuras enunciativas, ou seja, sem a impressão de que as inflexões melódicas podem ser ouvidas também como modos de dizer de um sujeito, semelhantes aos que conhecemos no dia a dia. Só aí entramos de vez no universo da canção. Trata-se, portanto, de uma tendência natural à subjetivação que, em algumas fases da produção brasileira, acentuou-se a ponto de o próprio ato de compor confundir-se com revelações íntimas do enunciador. É o que se verificava, por exemplo, na era do samba-canção. Melodia e letra dividiam a responsabilidade pela superexposição do intérprete. Mesmo conservando um comportamento sambístico de fundo, a desaceleração geral das obras contribuía para que as notas se desagregassem de seus motivos e se individualizassem como lamentos pontuais dos cantores e ainda se expandissem pelos vastos campos de tessitura, desenhando trajetórias vocais tradicionalmente associadas às buscas afetivas expressas ou sugeridas nas letras. E essas últimas vinham carregadas de referências à primeira pessoa, o que reforçava ainda mais a exposição subjetiva do dono (ou dona) da voz. Essas características foram bem captadas por Ruy Castro, quando, em seu excelente *A Noite do Meu Bem*, comenta a atuação artística de Tito Madi nas décadas de 1950 e 1960:

> Pela natureza do samba-canção, com seu caráter confessional e na primeira pessoa, o cantor-compositor transcendia o simples intérprete. Era como se ele estivesse se abrindo para o ouvinte, partilhando suas intimidades. E era fácil acreditar no que Tito cantava porque, em pessoa, mesmo sob a luz do palco, ele se parecia com o personagem de suas letras – um homem que carregava toda a tristeza do mundo[1].

ESPECTRO ENTOATIVO

Embora se manifeste de maneira exemplar no repertório do samba-canção, essa tendência para expor o universo subjetivo é constitutiva da própria linguagem cancional, variando apenas a intensidade com que comparece em cada obra. A subjetivação é fruto da necessária dependência entre os componentes melódico e linguístico criada por toda e qualquer composição. Essa depen-

---

1. Ruy Castro, *A Noite do Meu Bem*, p. 343.

dência já é fato conhecido nos comentários sobre canção, mas cremos que nem sempre seja bem compreendida.

Ao unir-se a uma letra, a "melodia musical" continua existindo, mas ganha outra feição pois passamos a ouvir também o seu espectro entoativo. O canto sugere que seus contornos possam ser ouvidos como curvas prosódicas inerentes às frases verbais. Mesmo que nunca coincidam exatamente com uma modulação concreta da linguagem oral, tais contornos – quase sempre inusitados – trazem oscilações reconhecíveis no âmbito da comunidade em que foram produzidos. Esse reconhecimento natural por parte dos ouvintes é um efeito da relação de dependência entre melodia e letra. Ainda que seja de difícil demonstração e permaneça como o grande "segredo" da canção, a dependência entre os dois componentes pode ser evidenciada nos casos em que, pela ação da letra, as frases musicais se fundem ou se subdividem em modulações prosódicas com outras dimensões e outros sentidos.

Se cantarolarmos o início de "Aquele Abraço", famoso samba de Gilberto Gil, teremos três frases musicais que se reiteram quase que integralmente: "O Rio de Janeiro continua lindo / O Rio de Janeiro continua sendo / O Rio de janeiro, fevereiro e março". A repetição literal das notas do primeiro verso no segundo permite que se faça uma audição prosódica igualmente idêntica e que se depreenda pelo descenso final das frases melódicas a mesma afirmação em ambos os versos: o Rio continua lindo e continua sendo (no sentido de existindo). Nessa orientação, o terceiro verso teria autonomia (não precisaria do anterior) para agregar novo dom à cidade maravilhosa: o de expandir sua hegemonia pelos meses do verão (janeiro, fevereiro e março). Mas logo notamos que o Gil-letrista preparou uma "pegadinha" para o Gil-melodista. As duas últimas frases melódicas adquirem, com a letra, um único valor prosódico que nos permite compreender que "O Rio de Janeiro continua sendo o Rio de janeiro, fevereiro e março". Passamos então a ouvir uma unidade entoativa que abarca toda a extensão dessa última frase. Em outras palavras, uma vez entendida a letra, o nosso ouvido se encarrega de acomodar os dois últimos segmentos do canto numa única – embora longa – inflexão prosódica, perfeitamente plausível para todos que compartilham conosco os parâmetros instáveis da fala.

Isso não significa que a audição entoativa elimine a audição musical dessas frases. Ambas seguem agindo nas nossas apreensões cancionais, o que não impede que surjam os chamados ouvintes especializados. De um lado, aqueles que só absorvem e reproduzem as melodias como contornos inseparáveis da letra. Não conseguem abstraí-las nem decorá-las sem seus respectivos textos verbais. De outro, aqueles que ignoram as letras. Aliás, é comum encontrarmos instrumentistas com grande talento musical, mas pouco sensíveis à interferência das letras nas canções. Para esses, a identificação da harmonia de fundo, das alturas e durações que compõem os fraseados melódicos e às vezes a dinâmica geral da execução já é mais que suficiente para garantir sua participação nos arranjos e nos acompanhamentos.

Na verdade, o primeiro caso (dos ouvintes que ouvem a melodia como modo de dizer a letra) é muito mais abrangente que o segundo (de boa parte dos instrumentistas profissionais), pois inclui quase todos os tipos de consumidores de canção, não apenas os fãs e aficionados, digamos, militantes, mas sobretudo a imensa quantidade de ouvintes "silenciosos" que acompanham seus hits pelas emissoras de rádio e televisão ou pelas transmissões *on-line*. Talvez sejam eles os atores que mais se beneficiam da apreensão espontânea do que estamos chamando de dependência entre melodia e letra. E talvez ainda sejam eles os responsáveis implícitos pela construção de um mundo à parte para os criadores de canção. Senão, vejamos.

MUSICALIZAÇÃO E ORALIZAÇÃO

A musicalização é um dos processos indispensáveis para se conceber uma obra cancional. É ela que estabiliza as alturas e durações do canto e as insere num quadro harmônico e rítmico, abrindo caminho para o acompanhamento instrumental e para a ação dos arranjadores. Acontece que não teremos uma verdadeira canção sem que esse processo seja complementado por segmentos verbais que ofereçam uma abertura para a oralização, pois, como vimos, a necessária presença da letra introduz valores prosódicos que moderam o impulso musical. É por saberem (ou viverem) disso que os cancionistas se distinguem dos músicos *stricto sensu* e renovam uma eterna aliança com seus ouvintes silenciosos, rejeitando as propostas que os levem a abandonar os recursos característicos da linguagem da canção.

Houve tempo, no esplendor da bossa nova, em que a atração pelo jazz e pela música popular instrumental levou alguns artistas a porem em xeque a participação da letra nas criações. Em vez de simplesmente abrandarem o eventual teor dramático das letras ou de valorizar a sonoridade de suas sílabas, como fizeram os grandes bossanovistas, alguns compositores trocaram os versos por *vocalises*, tentando nivelar a linha do canto aos naipes dos instrumentos. A cantora Leny Andrade gravou à época diversas faixas com essas características. Claro que a experiência de exploração dos limites de linguagem é sempre bem-vinda e nada impede que se torne referência, ainda que avulsa, no âmbito de um determinado gênero. Mas é fácil observar, com o passar do tempo, quais propostas foram realmente decisivas para a evolução artística dos seus seguidores. Hoje podemos dizer com segurança que o gesto extremo de abandono da letra não teve nenhuma ressonância no mundo dos cancionistas, até porque, em se tratando de canção, a ausência de letra é tão disparatada quanto a ausência de melodia. A bossa nova que prosperou foi a que soube chegar a uma letra adequada aos torneios dissonantes da melodia e não a que tentou eliminá-la. Faziam parte dessa adequação a delicadeza dos conteúdos tratados (sem dramas...), a valorização das rimas e aliterações e, em alguns casos, até a infantilização dos temas escolhidos.

Como já podemos deduzir dessa necessária participação da letra na linguagem da canção, há outro processo, igualmente indispensável, que interage no ato de compor: a oralização. Já vimos insistindo que a partir da criação dos versos surgem as unidades entoativas e que essas fazem de toda canção um modo de dizer. Tal processo também pode ser intensamente acentuado, a ponto de obscurecer os inevitáveis recursos musicais que agem em sentido oposto. Isso já ocorria de algum modo nos famosos sambas de breque brasileiros, lançados entre as décadas de 1930 e 1960, quando alternavam trechos melódicos musicais com trechos melódicos entoativos (na verdade, ambos os trechos continham as dimensões musicais e prosódicas, mas com diferenças de dominância). Pois essa oralização, presente em qualquer canção, tornou-se nas últimas décadas o procedimento de composição por excelência dos artistas que adotaram, com as devidas adaptações, o formato do rap norte-americano. De fato, para manifestar insatisfações pessoais e comunitárias ou para denunciar injustiças sociais, atitudes típicas do gênero, nada mais eficaz que o uso da linguagem verbal, com sua elasticidade sem limite e seu pouco comprometimento com métricas ou "grades" melódicas.

Entretanto, a proposta de uma oralização extrema também corre o risco de abandonar o mundo da canção e, como dizia Paul Valéry[2], "desfazer-se na clareza" da prosa verbal. A instabilidade sonora de nossas frases cotidianas, com seus contornos sugeridos mas não fixados e sua flexibilidade de ampliação ou redução silábica, justifica-se na medida em que tendem a não sobreviver à sua própria compreensão. A captação do conteúdo abstrato pelos falantes é suficiente para que se descarte o material fonético e entoativo inerente aos segmentos linguísticos. O melhor antídoto para essa efemeridade sonora é a musicalização, processo esse adotado em parte pelos poetas, nas acentuações rítmicas dos versos e nas recorrências rimáticas e aliterativas, e em larga medida pelos cancionistas que, além das repetições sonoras no interior das letras, no geral estabilizam também a melodia.

O investimento na oralização é a condição básica para que as revelações e denúncias feitas pelos MCs se mostrem eficazes. No entanto, há uma zona fluida separando a expressão estética do rap e a expressão pragmática de um discurso de reivindicação política ou até de um comício. Não é por outra razão que os rappers já mergulhados na oralização se especializam em buscar recursos indisfarçáveis de musicalização. É sintomático que, em vez de compor ou cantar, esse artistas digam que vão "rimar". De fato, a organização de uma forma musical inicia-se no interior da letra. Mas precisam igualmente de um aparato percussivo de peso para frisar e contrapontear suas sílabas tônicas, além de padrões rítmico-melódicos (*riffs* e *loops*) repisados por alguns instrumentos. Ou seja, assim como a oralização

---

2. Paul Valéry, *Variedades*, p. 209.

complementa, com maior ou menor comedimento, a ação musical, esta última também complementa, na condição de atenuante, a força de oralização, mesmo nos casos-limite em que o discurso verbal merece todo o destaque. São essas atuações complementares que evitam que os gestos extremos, de um lado ou de outro, expulsem a obra do âmbito estético da linguagem cancional.

ACORDO IMPLÍCITO

Claro que estamos nos referindo às práticas espontâneas exercidas pelos cancionistas brasileiros e a movimentos (bossa nova e rap) já consolidados em nossa cultura sonora. Nenhum artista programaria com antecedência seus projetos extremos e suas respectivas atenuações para se ater ao mundo cancional... Há algo mais profundo que, em última instância, contribui para regular seus impulsos criativos e seu modo de atuação profissional. O fato de encontrarmos algumas constâncias que definem as práticas de composição e interpretação de canções decorre de um "acordo tácito" – expressão de Tom Zé[3] – entre autores e público, acordo este que permite invenções e ousadias de toda espécie, mas que, ao mesmo tempo, impede a deterioração da linguagem. Esse acordo já se manifesta nos primórdios da gravação em disco e no nascimento do samba radiofônico.

Ismael Silva, em depoimento prestado ao programa *Ensaio Geral*[4], de Fernando Faro, revelou que, embora fosse fundador

---

3. Tom Zé, *Tropicalista Lenta Luta*, p. 25.
4. J. C. Pelão Botezelli e Arley Pereira, *A Música Brasileira deste Século por seus Autores e Intérpretes*, p. 72.

e participante da primeira escola de samba do Brasil – *Deixa Falar*, no bairro do Estácio de Sá (RJ) –, não chegou a ouvir seus sambas interpretados pela escola. O motivo alegado é um tanto desconcertante: quando as escolas iniciaram suas atividades, ele já era "profissional", pois possuía sambas "gravados". Ora, estes eram então produtos dirigidos ao incipiente mercado de discos e à difusão das emissoras de rádio. Em outras palavras, a atividade de compositor de Ismael Silva, estimulada pelas frequentes encomendas de Francisco Alves, já se pautava pelo gosto dos ouvintes e se distanciava, assim, da criação pura e desinteressada dos sambistas das escolas de samba. Nasciam naquele momento, de um lado, o compositor de canções de rádio e, de outro, a massa silenciosa que gostava de ouvir melodia e letra como uma só obra. Nasciam também os cantores que, em virtude de suas emissões melódicas (ou entoativas), agora devidamente gravadas, expunham aos ouvintes uma sensibilidade íntima que só se manifesta totalmente quando entra em jogo a expressão física da voz. Estava concebido o mundo da canção.

10. A ARTE DE COMPOR CANÇÕES

PREÂMBULO

A canção urbana brasileira nascida com as tecnologias de gravação e radiodifusão do início do século XX possui uma história toda própria que normalmente se perde nas avaliações musicais, literárias ou antropoculturais. As declarações esparsas de seus principais agentes (compositores, cantores, produtores) oferecem algumas pistas preciosas que raramente são identificadas como tais pelos pesquisadores. Talvez a perspectiva prévia adotada pelas investigações impeça que o foco se ajuste nos pontos sensíveis de funcionamento da linguagem cancional.

Comentamos, no final do capítulo anterior, a surpreendente consciência de Ismael Silva ao estabelecer, desde o início dos anos 1930, uma distinção clara entre compositores "profissionais", os que produziam sambas para serem gravados por cantores de sucesso, e compositores de escolas de samba, os que mantinham seus sambas no âmbito dessas escolas, longe das encomendas dos intérpretes e agentes de gravação. Mas uma pergunta fica no ar: o que havia de específico nessas canções profissionais, além do eventual aspecto financeiro?

Ismael, autor que naquele tempo contribuía diretamente para a "invenção do samba"[1], já sabia também o que fazer para despertar o interesse da nova indústria fonográfica e da radiodifusão, àquela altura orientadas em boa medida pelos próprios cantores. O principal contato de Ismael era com ninguém menos que Francisco Alves, a quem entregou diversas canções, muitas vezes concedendo parceria autoral para garantir a gravação. Mas importa-nos aqui que o sambista dominava a técnica de compor para os numerosos ouvintes do rei da voz e que este provavelmente o norteava a respeito do tipo de canção que realmente servia para aumentar a sua popularidade.

Os compositores descrevem com frequência as circunstâncias que propiciaram a produção de suas composições, mas deixam sempre um hiato entre a disposição inicial de criação e a obra final. Por isso é comum que as biografias também nos soneguem essas informações e que, depois de centenas de páginas lidas, não saibamos sequer se o cancionista examinado era autor de melodias, de letras ou de canções completas nem se compunha a partir de algum instrumento harmônico. São lacunas que colaboram para sacralizar o fazer criativo, já que as canções brotam a partir de um sopro de vida que transforma sua ausência em existência, retirando-o do campo de alcance do saber humano, como se já não tivéssemos fenômenos realmente misteriosos suficientes para comprovar nossa ignorância cognitiva, ainda mais quando se trata de criação.

---

1. Hermano Vianna, *O Mistério de Samba*, p. 173.

O VALOR PROSÓDICO

Reconhecemos que esse tema não é fácil, mas queremos ao menos chamar a atenção para a pertinência de alguns relatos de autores que trazem indicações sobre como manejam a linguagem cancional. São verdadeiras anedotas que, no entanto, revelam procedimentos essenciais desse processo criativo. É conhecido, por exemplo, um depoimento do próprio Ismael Silva no qual expõe as etapas da composição de seu samba "Nem é bom falar". Estava o autor num bar esperando alguém, quando lhe ocorreu, já com melodia e letra, o famoso trecho inicial: "Nem tudo que se diz se faz / Eu digo e serei capaz..."[2]. Não conseguiu, porém, continuar a sua ideia nem mesmo completar o refrão. Até aqui, algumas perguntas já podem ser formuladas. Como nasceram, já conjugadas, essa melodia e essa letra? Por que justamente essa letra, se o autor confessa que não sabia como dar sequência ao assunto? De um ponto de vista gramatical, a expressão "serei capaz", nesse contexto, pede complemento (capaz de fazer alguma coisa). Se esse complemento não estava disponível na cabeça do sambista, por que empregar a tal expressão? Em resumo, por que era importante conservar o verso que veio junto com a melodia se esse mais dificultava do que favorecia a continuidade do trabalho?

As melodias que já nascem com seus versos denotam origem mais prosódica que musical. Mesmo que se acomodem em notas precisas, seus contornos perfazem itinerários típicos das entoações que acompanham nossos discursos diários. Por outro lado, essas frases não foram escolhidas pelo rendimento que teriam na construção geral do tema da letra, mas, sim, pela compatibili-

---

2. Maria Thereza Mello Soares, *São Ismael do Estácio: O Sambista que foi Rei*, p. 69.

dade que mantêm com seus respectivos segmentos melódicos. Daí a razão pela qual Ismael nem cogita a sua substituição por outros versos que tenham a mesma métrica. Prefere esperar por um novo lampejo criativo que lhe indique as ações para as quais finalmente se mostre capaz... Dias depois, ocorre-lhe a solução ainda que de maneira meio tortuosa: "De não resistir / Nem é bom falar / Se a orgia se acabar". Se pensarmos nesse conteúdo, ser "capaz de não resistir" é um modo enviesado de dizer "incapaz de resistir", afinal, ninguém precisa de capacidade para "não resistir". Mas isso não tem a menor importância na formação da letra cujo compromisso principal, já dissemos, é com a melodia e, nesse quesito, o samba estava perfeito. Portanto, no mundo da canção, o desafio é sempre localizar o que assegura a compatibilidade dos dois componentes.

Outro exemplo semelhante pode ser retirado de uma entrevista concedida por Chico Buarque ao músico e editor Almir Chediak[3]. Segundo o compositor, Tom Jobim teria lhe mostrado ao piano a melodia da futura *Wave* para que se encarregasse da letra. Sem titubear, Chico iniciou o seu trabalho ali mesmo com o verso "Vou te contar". Não conseguindo continuar imediatamente, levou consigo a gravação pianística do maestro prometendo elaborar em pouco tempo uma letra completa para a composição. Ficou na promessa, pois estava "enrolado" com outros compromissos. O próprio Jobim deu conta do recado com a versão que tão bem conhecemos.

Essa historieta também deixa rastros pouco inocentes. Por que, mesmo sem ter ideia do teor geral da letra, Chico não tinha dúvida de que a primeira frase deveria ser "Vou te contar"? Por

---

3. *Songbook – Chico Buarque*, p. 15.

que Jobim adotou o mesmo verso como ponto de partida para o seu trabalho de letrista, se o seu imaginário seguiria necessariamente direção diversa da do amigo? Mais uma vez, é a força prosódica, base dessa união indissociável entre frase melódica e frase linguística, que dá respaldo a essa emissão conjunta de ambas, mesmo que o enunciado em si exija complementos gramaticais e semânticos por ora inexistentes. Em suas cobranças de continuidade, Jobim ainda teria dito ao parceiro: "Afinal, Chico, o que é que você vai me contar?"[4].

O caso de *Wave* é o mais comum nas canções em parceria. O compositor cria uma melodia para ser cantada, embora não tenha nenhuma ideia da letra que está por vir. Suas frases musicais, porém, armazenam entoações virtuais que, no decorrer do trabalho, serão identificadas pelo letrista. Cabe a este, portanto, manifestar o que havia de inflexão prosódica na melodia que, até então, parecia ser unicamente musical. Uma frase musical pode conter duas ou mais unidades entoativas, a depender do recorte sugerido pelo letrista[5], mas a sua extensão pode também corresponder a uma única unidade, como, por exemplo, a frase melódica que deu origem à expressão "Vou te contar". De todo modo, um trecho como esse terá sempre uma dimensão musical, ou seja, a que permite sua execução exclusivamente instrumental, e uma dimensão figurativa, a que nos sugere uma associação imediata do contorno melódico com as palavras pronunciadas. Aliás, nas canções consagradas, esse elo torna-se inerente: não se cantarola a melodia sem que a letra venha à mente nem se reproduz a letra sem a presença, ainda que intrínseca, das modulações melódicas.

---

4. *Idem, ibidem.*
5. Luiz Tatit, *Estimar Canções: Estimativas Íntimas na Formação do Sentido*, pp. 76-81.

Por mais que o melodista se dedique à musicalização da obra, não há como evitar sua oralização a partir do trabalho do letrista (que evidentemente pode ser a mesma pessoa). As quatro notas que dão início ao canto de *Wave* viram (para sempre) o contorno entoativo de "Vou te contar", além de servir também para conduzir outras frases linguísticas com valor prosódico parecido, como "O resto é mar". Ao assumir a função do letrista, Jobim incumbiu-se de manifestar as unidades entoativas que estavam implícitas em sua própria melodia. Quando isso acontece, ou seja, quando as frases musicais adquirem dimensão prosódica, está instaurada a linguagem da canção. Portanto, a composição de canções não propõe apenas a atuação paralela de uma linha musical e outra verbal, mas sobretudo uma terceira via estética na qual o que é dito (letra) nasce do modo de dizer (melodia) e vive dessa origem e desse vínculo.

É preciso esclarecer ainda que a melodia transformada em segmentos entoativos, após os recortes produzidos pela letra, não perde o seu caráter inusitado. Há sempre novas maneiras de se criar curvas prosódicas no interior de um universo cultural. Elas nunca são exatamente as mesmas, mas se inserem num quadro de plausibilidade que permite o seu reconhecimento comunitário. Em outras palavras, os ouvintes aceitam a curva entoativa quando a consideram possível de ser executada naquele contexto linguístico, com aquele perfil, denotando um determinado sentido (asseverativo, interrogativo, hesitante, reticente, dramático etc.), mesmo que jamais a tenham ouvido tal e qual em circunstâncias semelhantes. Os compositores acabam sempre criando novas inflexões melódicas para expressar seus conteúdos, mas elas só serão bem acolhidas pelos ouvintes se forem persuasivas do ponto de vista prosódico. "Se o seu som não for convincente, o ouvinte irá perceber", diz David Byrne[6].

LETRA E NÃO POEMA

É nesse sentido que os letristas diferem significativamente dos poetas. O seu principal desafio é encontrar a expressão ou frase linguística que retire da melodia o seu valor prosódico. Só depois entra em pauta a coerência semântica da letra, às vezes com dependências sintáticas bem elaboradas, outras com justaposições flutuantes pouco definidas em termos narrativos. De todo modo, a relação da letra com a melodia produzindo oralizações plausíveis é sempre mais determinante que a lógica discursiva do componente linguístico. É o que faz a maioria dos compositores preferir trabalhar a partir de melodias prontas. A resposta categórica de Chico Buarque, letrista maior, à escritora argentina Vitória Weinschelbaum vem bem a propósito:

> Nunca escrevo a letra antes da música. Muitas vezes surge a música e a letra vai se esboçando ao mesmo tempo; outras vezes a música vai ficando pronta, ainda não tem letra e a letra vem depois. Mas nunca escrevi uma letra sem música, nunca me aconteceu. Nunca, nunca, nunca[7].

O valor prosódico é um segredo da canção que ainda não faz parte do discurso dos próprios cancionistas, provavelmente por decorrer da prática analítica e não do fazer criativo. Todos buscam esse valor em suas composições, mas o conceito não está

---

6. David Byrne, *Como Funciona a Música*, p. 198.
7. Violeta Weinschelbaum, *Estação Brasil – Conversas com Músicas Brasileiras*, p. 229.

disponível na hora das explicações, mesmo para os autores que gostam de refletir sobre o artesanato cancional. Isso não impede que haja maneiras oblíquas de se abordar esse tema e de revelar que não se produz letras com os mesmos recursos empregados na elaboração de poemas. Às vezes, de passagem, os compositores lançam alguma luz sobre o assunto, apenas observando constâncias da experiência pessoal. Nando Reis, por exemplo, deu o seguinte depoimento ao colega Leoni:

> Na verdade eu não separo letra e música. Faço as duas coisas juntas. Escrevo bastante, gosto de fazer letra e nunca acho que tenha uma letra boa. Se você for pegar e ler uma letra ela não vai se sustentar, como uma poesia. Existe outra carga de significados que a letra adquire quando cantada[8].

Boa parte dessa carga de significados procede da figurativização, do fato de as frases melódicas virarem modos de dizer, além de conservarem seus traços musicais. Com a demarcação das unidades entoativas recortadas pela letra entra em cena o sujeito da locução (o intérprete), aquele que materializa em seu timbre vocal e em sua habilidade de emissão o principal personagem da obra. O "eu" que canta torna-se, assim, o responsável pelo tema relatado na letra e pelo envolvimento afetivo expresso na melodia. E essa última, por sua vez, passa a ser a entoação "natural" do intérprete, a mesma que ele poderia emitir numa situação de fala qualquer, ainda que, no contexto cancional, a curva possa se expandir pelo campo de tessitura (mas sem perder o essencial do seu contorno prosódico), a depender do grau de emoção assumido. A voz, extensão do corpo do intérprete, é preservada no

---

8. Carlos Leoni Rodrigues Siqueira Júnior, *Letra, Música e Outras Conversas*, p. 289.

itinerário das vogais que compõem a letra, mantendo o seu formato serpeante e indicando assim as oscilações emotivas próprias do sujeito que a emite.

PRIMAZIA DA INTENSIDADE EMOCIONAL

Podemos deduzir de tudo isso a importância do componente melódico no universo da canção, pois que exerce o papel de pivô entre a musicalização, a oralização e a caracterização do intérprete. Não é por outra razão que as composições tendem a começar pela melodia. É como se começassem pela sensibilidade "pura" e, na sequência, fossem progressivamente focalizando uma área de conteúdo até chegar a um tema específico, quase sempre sua última etapa. A melodia já traz a "intensidade" afetiva antes que haja um campo de sentido para ser intensificado.

Um raro relato pessoal sobre esse processo de composição pode ser encontrado no livro do cancionista escossês David Byrne. Diz o ex-Talking Heads:

> Então começo improvisando uma melodia em cima da música. Faço isso cantando sílabas sem sentido, mas com uma paixão estranhamente inadequada, já que não estou dizendo nada com nada. Assim que chego a uma melodia sem letras e um arranjo vocal que eu e meus colaboradores aprovam (quando estou trabalhando com algum), começo a transcrever essas sílabas desconexas como se fossem palavras de verdade.
>
> Escuto com cuidado as vogais e consoantes aleatórias nas gravações e tento entender o que aquele cara (eu, no caso) está querendo dizer com tanta paixão, mas sem nenhum sentido. É como um exercício forense. Sigo o som das sílabas sem sentido com toda atenção. Se uma frase melódica sem sentido acaba com um forte "ooh", tento transcrever isso, e na hora de

escolher as palavras de verdade, tento encontrar algo que acabe com essa sílaba, ou em algo o mais próximo disso que consigo pensar. Dessa forma, o processo de transcrição muitas vezes termina com uma página cheia de palavras de verdade, mas ainda bem aleatórias, que soam de forma parecida com as sílabas sem sentido do início[9].

Trata-se aqui de um depoimento bastante minucioso sobre as etapas de criação normalmente omitidas pelos artistas. Desde que surgem os primeiros contornos melódicos na prática do compositor já há sinais da oralização, na medida em que essas inflexões são expressas com "sílabas sem sentido". Como tais sílabas são necessariamente formadas com vogais que nos permitem captar a curva melódica primordial, não podemos dizer que o sentido – ou, se preferirmos, a direção – esteja ausente. Mas quando o músico se refere a "sílabas sem sentido" está pensando em fragmentos de palavras que, como tais, não atingem a condição de signo linguístico, com seu significado consensual no seio da comunidade. Para essa condição, Byrne reserva a expressão "palavras de verdade", aquelas que nos ajudam a falar sobre o mundo, seus seres animados e seus objetos.

Mesmo enquanto ainda opera com vogais ou consoantes aleatórias preenchendo suas melodias, o autor já identifica a presença da intensidade ("tanta paixão"), só não sabe a que significado (ou aspecto da "vida real") se refere. Essa busca estende-se às etapas seguintes, quando as sílabas são reunidas em palavras que, na combinação geral, ainda não fazem sentido. Segmentam a sonoridade melódica, mas sem estabelecer uma coerência interna. É a sonoridade que continua a prevalecer sobre o conteúdo em formação. As sílabas

---

9. David Byrne, *Como Funciona a Música*, pp. 197-198.

empregadas em vocalises, as vogais tonificadas, as terminações de frase e as interjeições sugerem assonâncias, rimas e aliterações que servirão de matrizes para as palavras definitivas. Isso porque, para Byrne, mesmo as "palavras de verdade" ainda não são definitivas nem deixam de ser aleatórias num primeiro momento, visto que exercem funções semelhantes às das sílabas na fase inicial da composição: apenas oferecem as medidas e os pontos de acentuação que servirão de referência para a criação da letra final.

Em outros tempos, antes do gravador portátil, esses textos formados de palavras desconexas, mas com precisão rítmica em relação à melodia, serviam de guia para a criação da letra. Eram conhecidos como "monstros" pela desarticulação sintática e inconsistência semântica. Se as novas tecnologias fizeram desaparecer o termo e a prática rudimentar de outrora, a forma de composição predominante ainda se baseia na progressiva extração de uma letra que se encontra impregnada no modo de dizer – ou nas entoações – inerente(s) à melodia:

> Claro, esse material não tem qualquer narrativa, e talvez ainda não faça nenhum sentido literal, mas a mensagem está lá – posso ouvi-la. Senti-la. Meu trabalho nesse estágio é encontrar palavras que se encaixem e se adéquem às qualidades sonoras e emocionais da música, em vez de ignorá-las e talvez até destruí-las[10].

Assumir a precedência da melodia em relação à letra é reconhecer que o conteúdo ou a temática de uma canção decorrem da intensidade emocional e não o contrário. Por isso, para o letrista, é muito mais importante criar níveis de compatibilidade com a me-

---

10. *Idem*, p. 198.

lodia do que desenvolver um raciocínio coerente, uma narrativa ou mesmo certa autonomia poético-literária no seu texto. Alguns compositores brasileiros, como Djavan e Luiz Melodia, são muitas vezes criticados pela vagueza ou até obscuridade dos seus versos em canções com enorme sucesso de público. Tais críticas, porém, incidem invariavelmente sobre letras separadas de suas respectivas melodias, o que revela a superficialidade da avaliação e a falta de sintonia com os critérios realmente cancionais. Justificando o uso de imagens, digamos, avulsas em suas canções, diz Luiz Melodia: "Eu gosto desses flashes que aparecem nas minhas letras, umas arrancadas, umas sacadas bacanas"[11]. No fundo, são aspectos da intensidade emocional normalmente atribuídos à melodia, como a alta velocidade, que o compositor, nesse caso, transfere para a letra. Os "flashes" e as "arrancadas" possuem os traços *subitaneidade, rapidez* e *imprevisão* que, provavelmente, suas melodias pediam. É David Byrne, mais uma vez, quem resume toda a questão:

> Se ela [a letra] parece funcionar em nossa mente, se a língua do cantor e os neurônios espelho do ouvinte ressoam com aquela deliciosa sensação de encaixe quando essas palavras são entoadas, isso inevitavelmente se sobrepõe ao sentido literal das palavras, por mais que seu sentido literal possa ser interessante[12].

DESENLACE

Em resumo, o primeiro nível de compatibilidade entre melodia e letra, como vimos, depende da destreza do letrista em

---

11. Patrícia Palumbo, *Vozes do Brasil – 1*, p. 102.
12. David Byrne, *Como Funciona a Música*, p. 198.

depreender os valores prosódicos impregnados na melodia, sobretudo quando o autor já a compõe pensando numa execução vocal. Conjugada à letra, a melodia passa a ser também um conjunto de unidades entoativas, semelhante ao que acompanha nossa fala cotidiana, reconhecível pelos falantes da língua e mesmo por indivíduos de outros idiomas, mas afinados com a cultura na qual a canção foi produzida. Se essas modulações prosódicas (ou entoativas) forem avivadas pelo cancionista, podemos dizer que a obra caminha para a oralização, ou seja, as unidades entoativas valem mais e, no extremo, chegamos à quase neutralização de parte dos elementos musicais (harmonia e longas durações melódicas, por exemplo) para que a ênfase fique na mensagem do componente linguístico (daí o exemplo do *rap*). Se, ao contrário, houver pouco interesse pelas figuras prosódicas, o que persiste é a musicalização da obra, ou seja, as unidades entoativas continuam existindo, mas valem menos e o compositor faz prevalecer os recursos harmônicos e rítmicos, ao mesmo tempo em que atenua a relevância da letra, suavizando o teor dos seus versos, evitando dramatizações e aproveitando sobretudo suas conexões fônicas, como as rimas e as aliterações.

Operando num segundo nível de compatibilidade, os cancionistas criam vínculos entre as melodias que se concentram em motivos (ou partes) recorrentes e as letras que descrevem, ou celebram, encontros e conjunções dos personagens entre si ou com seus objetos de desejo. Geralmente aceleradas, essas canções rebaixam o valor das notas avulsas em nome dos grupos de tons que formam motivos e identidade entre si. A mesma identidade pode ser verificada no conteúdo das letras ou, mais precisamente, nos estados narrativos dos seus atores, a começar do intérprete (aquele que diz "eu"), que normalmente configuram "estados de graça" por já terem conquistado seus objetos e por poderem enaltecê-los à vontade. As canções baseadas em refrão ilustram bem esse gênero de integração entre melodia e letra. Costumamos dizer que seus dois componentes são regidos pela *tematização*.

Há compatibilidade ainda quando os cancionistas associam melodias que se expandem no campo de tessitura, criando percursos sonoros e não mais núcleos motívicos, com letras que assinalam desencontros e distâncias entre personagens, o que muitas vezes se traduz em narrativas de busca, no passado (saudade) ou no futuro (esperança), do objeto de desejo. Ao contrário do caso anterior, as canções aqui tendem a ser desaceleradas e a valorizar a emissão das notas individuais, sobretudo suas durações, os saltos intervalares e a transposição de registro. A falta de identidades no âmbito da melodia, já que são poucas as reiterações, ressoa na letra como isolamento do "eu-lírico" ou dos atores que participam da trama. Em vez de comemorarem o enlace, as palavras lamentam a separação, de tal maneira que a vasta oscilação melódica, signo da distância entre sujeito e objeto, não deixa de reproduzir também o som do queixume vindo diretamente da voz do intérprete. Essas são as canções *passionais* que aparecem em diversos formatos como música romântica, sertaneja, brega, samba-canção, bolero, guarânia, fado etc.

Claro que a uniformidade dos sons fonéticos tem igualmente bastante relevância na escolha das palavras que vão compor uma letra e contribui, às vezes de modo decisivo, para o efeito de integração dos dois principais componentes da canção. De fato, assonâncias e aliterações de toda espécie auxiliam na criação e audição dessas obras, pois as semelhanças sonoras entre palavras sugerem que essas devam ser cotejadas em seus significados e apreciadas no novo contexto por similitude ou contraste. Entretanto, na semiótica da canção, quando se fala de compatibilidade entre melodia e letra, o mais importante é identificar os elos narrativos e tensivos que ligam a linha melódica ao conteúdo da letra, ou, em outras palavras, examinar as formas já comentadas de oralização (ou figurativização), tematização e passionalização. A relação entre a melodia e a sonoridade fônica das palavras reforça a combinação dos dois componentes, mas nem sempre é um recurso especialmente explorado e quase nunca é suficiente para sustentar o que chamamos aqui de compatibilidade.

Por fim, a pergunta que não poderia faltar: e no caso das composições que partem da letra ou até de poemas publicados em livros?

Essa cronologia da criação não chega a afetar o resultado da obra. Se a letra está pronta, o trabalho do melodista começa pela busca da entoação embrionária de suas frases. Uma vez identificadas as modulações prosódicas plausíveis, resta ao compositor estabelecê-las com maior ou menor fidelidade aos contornos da fala: é comum que aproveite o desenho da curva, mas expandindo seus pontos extremos no campo de tessitura. Esse é o processo de musicalização que poderá ser acentuado a depender do estilo do melodista. O bom senso esperado é o mesmo. Musicalizar "demais" pode significar a perda das referências figurativas responsáveis em boa medida pelo poder de persuasão da canção. Confiar apenas na oralização implícita nos versos da letra, em suas entoações "naturais", pode deixar a obra num plano melódico vago e instável, próximo à declamação, a menos que haja contundência especial na natureza dos versos ou na proposta verbal, como no caso do rap. A partir da letra, temos também indicações sobre o enaltecimento da conjunção do sujeito (intérprete ou personagem) com outro sujeito ou seu objeto de desejo, bem como, ao contrário, sobre o estado de insatisfação em que vive esse mesmo sujeito em virtude da ausência de seu bem-querer ou de seus principais valores. São indícios suficientes para sugerir, no primeiro caso, melodias de andamento acelerado com motivos recorrentes e, no segundo, melodias lentas que se expandem no campo de tessitura. Chega-se assim, por outro caminho, à tematização, à passionalização e a tudo que já dissemos antes.

11. MUITO MENOS E MUITO MAIS: ANÁLISE DE "NOME" (ARNALDO ANTUNES)

Para complementar nosso estudo sobre as oscilações da *intensidade* (desenvolvido especialmente nos capítulos 4 e 6) examinaremos um caso radical de obra multimídia que, em larga medida, explora com afinco esse parâmetro de construção do sentido. Trata-se, podemos dizer, de manifestação da intensidade (quase) pura, o que nos ajuda a configurar, agora de um ângulo artístico, algumas operações fundamentais do modelo tensivo.

Caracterização da obra

algo é o nome do homem
coisa é o nome do homem
homem é o nome do cara
isso é o nome da coisa
cara é o nome do rosto
fome é o nome do moço
homem é o nome do troço
osso é o nome do fóssil

corpo é o nome do morto
homem é o nome do outro

Organizado como uma espécie de tratado poético sobre a imotivação – em meio à motivação – do signo, o projeto *Nome*, de Arnaldo Antunes, reúne um conjunto semiótico composto de livro (poemas e imagens), CD (canções) e videoclipes. O verso mais representativo do tema do tratado está numa de suas canções visuais intitulada "Nome não": "O nome dos bichos não são os bichos".

Mas selecionamos aqui para análise a composição "Nome", aquela que deu título ao projeto, em seus três formatos de veiculação[1].

A versão em poema (ou letra), transcrita acima, já nos insere num âmbito ao mesmo tempo figurativo e metalinguístico. Há os elementos que nos reportam ora ao mundo humano ("homem", "cara", "rosto", "fome", "moço", "morto"), ora ao mundo das coisas ("algo", "coisa", "isso", "troço"), ora a um mundo intermediário ("osso", "fóssil", "corpo", "outro"), todos desempenhando papéis figurativos por certo, mas também ocupando as categorias que no universo de Hjelmslev conhecemos como *funtivos*. Esses funtivos estão dispostos em rede de relações cuja *função* básica se manifesta na expressão "é o nome de", claramente relacional.

Bastante afinados com os princípios linguísticos, os nomes deste poema só podem ser definidos por outros nomes, em cadeia que apresenta uma configuração espiralada: cíclica e evolutiva. Coisas dão nomes aos homens, homens dão nomes às coisas,

---

[1]. Além de ser o autor de "Nome", da letra e da música que orientam o tema, Arnaldo Antunes interpreta a canção programando eletronicamente sua guitarra e seu ritmo, tendo no acompanhamento o guitarrista Edgard Scandurra e o baterista Zé Eduardo Nazário. O autor participa ainda, junto com Celia Catunda, Kiko Mistrorigo e Zaba Moreau, da criação e animação visual do projeto como um todo.

o que deflagra, quase simultaneamente, dois processos antagônicos: antropomorfização e reificação. Mas também coisas dão nomes às coisas e homens, aos homens. O caráter movente das interdefinições instala-se de maneira irrevogável quando o termo "homem", que comparece em cinco dos dez versos, termina por determinar o "outro" (termo do mundo intermediário) e não a si mesmo: "homem é o nome do outro".

Apesar da arbitrariedade dos nomes em relação a qualquer referência exterior ao sistema semiótico que os sustenta, a rede de relações criada pelo poeta se vale dos discursos habitualmente desenvolvidos no plano da língua natural, responsáveis pela criação de um "senso comum" no qual algumas identidades já estão estabelecidas pelo uso. Por exemplo, algumas correspondências metonímicas entre "homem", "cara" e "rosto", ou entre "osso" e "fóssil", ou ainda entre "corpo" e "morto", já estão consagradas na língua portuguesa do Brasil, de maneira que o efeito figurativo de alguns versos se torna imediatamente persuasivo: "homem é o nome do cara", "cara é o nome do rosto", "osso é o nome do fóssil" etc. Assim, embora o nome da coisa não seja a coisa, o processo de denominação do poema faz ressoar o seu sentido no mesmo processo existente na língua natural. Isso já nos põe de acordo com boa parte das frases emitidas.

Em princípio, uma denominação deveria precisar o termo genérico, diminuindo o grau de flutuação próprio de seu estatuto categorial. Claude Zilberberg diz de passagem, num de seus artigos, que "as denominações funcionam, por um lado, como paradas, amarras, e, por outro, como uma moeda de troca para os sujeitos"[2] e, sendo assim, temos de tolerá-las mesmo sabendo que são arbitrárias e quase sempre provisórias. Por possuírem

---

2. Claude Zilberberg, "Síntese da Gramática Tensiva", p. 185.

alta densidade sêmica, as denominações servem para *especificar* (no sentido hjelmsleviano do termo) as noções constantes, mais vagas e abrangentes, tonificando o seu sentido.

Entretanto, no poema em questão, nenhum termo escolhido para o circuito das denominações apresenta densidade sêmica suficiente para especificar o termo genérico. "Algo", no mundo das coisas, é tão vago quanto "homem", no mundo humano. "Coisa", "cara", "isso", "troço" etc., registram a mesma indeterminação de sentido que, de certo modo, neutraliza a própria função de nomear.

De outro ponto de vista, já vimos com Greimas[3] que não há nada mais natural no discurso que o seu funcionamento metalinguístico: por ele, o discurso explica-se em expansão, por meio de *definições*, e decodifica-se em formas condensadas, as chamadas *denominações*. A atividade lexicográfica dos dicionaristas é baseada justamente nesses dois processos[4]. Podemos acrescentar, para a nossa finalidade, que desse movimento de compressão e propagação discursiva decorre o conceito de *afinação* do sentido, ou seja, uma denominação não se afina sem a contribuição decisiva da expansão linguística. Em princípio, quanto mais definições, mais as denominações se ajustam para uma expressão unívoca de sua significação. O exemplo imediato é a luta dos pesquisadores por obter dos órgãos veiculadores maior espaço para desenvolver o seu *paper*. Em tese, quanto mais puder expandir o texto, mais o cientista afinará o sentido de sua descoberta.

Parece impossível afinar o sentido fazendo uso apenas de denominações. Mas é o que ocorre nos dez versos do poema de Ar-

---

3. Algirdas Julien Greimas, *Semântica Estrutural*, pp. 97-116.
4. Examinamos esse funcionamento metalinguístico da linguagem no capítulo 7 deste volume.

naldo Antunes. Além da inevitável predileção apenas por nomes (substantivos ou pronomes), o enunciador também se restringe, no plano da expressão, a uma grade métrica, pela qual todos os termos, denominadores e denominados, devem ser dissílabos e paroxítonos. Dentro dessas limitações rítmicas não há espaço sequer para uma rápida expansão linguística.

Portanto, prescindindo tanto das especificações quanto das afinações de sentido, a cadeia das denominações desencadeada em "Nome" confirma-se como absurdo linguístico no mesmo instante em que se consolida como solução poética.

FUNDAMENTOS TENSIVOS

Se tomarmos, porém, o modelo da ascendência e descendência tensivas, talvez possamos localizar melhor os níveis de sentido tratados nos três formatos de "Nome". Baseado no já exposto princípio silábico de Saussure que prevê, no discurso oral, graus de abertura (cadeias explosivas) alternando-se com graus de fechamento (cadeias implosivas) dos órgãos bucais, Claude Zilberberg concebe, como já vimos, para o plano do conteúdo, progressos ascendentes ou descendentes que aumentam, respectivamente, a positividade ou a negatividade de uma grandeza[5]. Se aplicarmos esses conceitos na dimensão da tonicidade, por exemplo, a depender da direção assumida pelos agentes do texto, poderemos ter tanto aumento do tom (no sentido de força ou vigor), como aumento da atonia (no sentido inverso de enfraquecimento ou dissipação). O autor francês serve-se então das chamadas "unidades de

---

5. Ver aqui tópico do quarto capítulo dedicado a este tema a partir da p. 107.

progressão" (ou "incrementos"), o *mais* e o *menos*, que permitem combinações entre si bastante representativas do nosso imaginário tensivo. Vamos recordar aqui os seus pontos principais.

Uma inflexão de todo ascendente pode atingir um ponto extremo de tonicidade no qual, em tese, só teríamos *mais*, condição que define muitas vezes o sentimento de "saturação". A experiência subjetiva no interior de uma comunidade nos leva a presumir que esses estágios excessivos são sucedidos por abrandamentos que distendem esse ponto máximo para que o próprio discurso possa ter continuidade. De fato, na silabação saussuriana, ao atingirem o mais alto grau de abertura sonora, nossos órgãos bucais já se colocam automaticamente à disposição dos procedimentos de fechamento, gradual ou brusco, do som. Essa alternância caracteriza a noção que temos de continuidade nos dois planos da linguagem.

Se retirarmos um pouco do excesso de *mais*, teremos *menos mais*, noção que o semioticista francês chama de "atenuação". Podemos progredir nessa descendência, agora acrescentando doses de *menos* àquilo que já fora *mais*. A partir de um determinado ponto, o que amplifica é o campo de presença do *menos* ou da negatividade. Teremos, assim, cada vez *mais menos*, num processo já conhecido como "minimização". Essa inflexão descendente também pode atingir um ponto extremo onde só o *menos* se manifesta como anulação ou "extinção" total. Em termos de silabação, isso corresponde ao fechamento completo de nosso aparelho vocal toda vez que, por exemplo, passamos por consoantes surdas. Se quisermos manter a continuidade do discurso oral, essas interrupções funcionarão como pausas diminutas, pois nossa musculatura já terá engatilhado novas posições para recobrar a sonoridade.

No plano do conteúdo, igualmente, se retirarmos um pouco dessa condição extrema de *menos*, estaremos recuperando o fluxo de continuidade uma vez que agora teremos *menos menos*, ou seja, um "restabelecimento" mínimo do vigor perdido. Se esse progresso for mantido, a partir de um determinado ponto podemos entrar em franca ascendência instaurando um *mais mais*, um "recrudescimento" da tonicidade.

Retomemos, portanto, nosso diagrama tensivo (Fig. 1), já apresentado em linhas gerais no quarto capítulo deste volume (pp. 108-109), para explicarmos melhor a passagem do campo da positividade para o da negatividade – e vice-versa –, a partir das reflexões desenvolvidas por Zilberberg[6]:

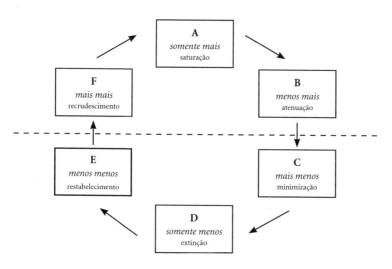

Figura 1. Direções tensivas para *mais* e para *menos*

6. É preciso dizer que o autor francês representa suas ideias num plano cartesiano, com seu sistema de coordenadas em dois eixos perpendiculares: ordenada e abscissa (Claude Zilberberg, *Elementos de Semiótica Tensiva*, p. 254).

Do campo B ao campo C, teremos duas resoluções tensivas: de B até a linha pontilhada horizontal, verificamos perda de positividade, ou seja, *menos mais*; da linha horizontal ao campo C, constatamos "ganho" de negatividade, ou seja, *mais menos*. Do campo E ao campo F, teremos as resoluções inversas: de E à linha horizontal, a perda de negatividade, ou seja, *menos menos*; da linha horizontal ao campo F, depreendemos ganho de positividade, ou seja, *mais mais*.

Acontece que podemos ter excessos de ambos os lados. Sua representação no campo ascendente se faz pela gradação de F a A e, no campo descendente, pela gradação de C a D. Nos campos extremos teríamos então, respectivamente, um acúmulo exclusivo de *mais* (em A) e um acúmulo exclusivo de *menos* (em D). A homologia com o princípio silábico indica, como já frisamos, que esses campos extremos não contribuem para a continuidade dos eventos e dos processos: a saturação por excesso de *mais* ou a extinção por excesso de *menos* provocam "pane" ou suspensão das forças tensivas. Podemos dizer, portanto, que a atenuação de A para B e o restabelecimento de D para E constituem modulações necessárias à manutenção da dinâmica tensiva.

Um exemplo simples e notório pode ser extraído da comparação entre China e Brasil no que se refere aos seus respectivos crescimentos econômicos nos primeiros anos do novo milênio. A China precisava urgentemente atenuar (de A para B) um nível de crescimento que chegava a prejudicar e ameaçar seus projetos de grande nação por excesso de *mais*. Nosso país, ao contrário, precisava urgentemente restabelecer (de D para E) uma economia que se encontrava quase paralisada por excesso de *menos*. Até este momento, quando falamos em crescimento brasileiro nos referimos de fato a uma gradação de *menos menos*, podendo alcançar, na melhor das hipóteses, a linha horizontal do diagrama. A rigor, estamos fazendo uso de eufemismo quando, neste período, falamos de crescimento do país. Nossas melhoras ainda se dão em termos de menos estagnação.

Essas oscilações, em campos opostos, desejadas pelos dois países pressupõem que, num passado recente, ambos atingiram pontos de excesso insustentáveis. A China experimentou um recrudescimento exorbitante (de F para A) de suas atividades econômicas, enquanto o Brasil deixou reduzir ao mínimo (de C para D) sua capacidade de crescimento. Daí a necessidade urgente de correção (leia-se, de retiradas de *mais* e retiradas de *menos*) de seus respectivos níveis para garantir seus progressos futuros.

Já as oscilações de B a C ou, ao contrário, de E a F, podem ser consideradas contingentes em todas as suas gradações (*menos mais, mais menos / menos menos* e *mais mais*), pois representam nossas estratégias habituais de aumento ou diminuição tanto da positividade como da negatividade em função das circunstâncias de vida.

CADA VEZ MENOS, CADA VEZ MAIS

Retomando nosso objeto de análise, podemos dizer então que duas orientações tensivas estão na base da primeira seleção de valores realizada pelo enunciador desse poema-canção-videoclipe:

1. De um lado, a orientação dissipativa que ordena os valores numa progressão do *mais menos* ao *máximo de menos*, algo próximo à extinção[7]. Trata-se de um percurso descendente, atonizado, direcionado para a minimização, que terá como reflexo, no nível

---

7. Claude Zilberberg, *Elementos de Semiótica Tensiva*, p. 254.

Figura 2. Imagem extraída da contracapa do livro *Nome*.

discursivo, a baixa densidade sêmica dos lexemas escolhidos e, no nível narrativo, os enunciados de estado (não há *fazer*, apenas *ser*), desenergizados, desmodalizados, os quais, nas imagens de fundo, presentes nos três veículos, se traduzem por detritos em decomposição: toco de cigarro, casca de banana, de ovo, restos de alimento (Fig. 2). Essa tendência recebe um reforço especial dos formatos de canção e de videoclipe. No primeiro caso, a canção termina subitamente, no ápice da levada instrumental do arranjo, à maneira de uma suspensão brusca da fonte elétrica. O vazio resultante confirma que o procedimento faz sobrar um *nada* ainda maior do que aquele que normalmente sucede um final programado. O clipe preenche esse mesmo vazio com a imagem, sob silêncio, da deterioração mostrada na figura 2.

2. Por outro lado, temos a orientação intensificada que ordena os valores numa progressão do *mais mais* ao *máximo de mais* (*somente mais*), algo próximo ao conceito de saturação. O percurso agora é ascendente, altamente tonificado, e opera como se não contracenasse com a orientação dissipativa. Daí o fato de não haver uma atitude gradativa de abandono da atonização proposta acima. Em outras palavras, em vez de um prudente restabelecimento de valores tensivos, o que temos é um modo direto de recrudescimento do ímpeto enunciativo, movimento que instrui, no poema, a própria insistência da relação "é o nome de" – que no nível discursivo soará como ironia, dada a baixa densidade sêmica dos nomes escolhidos para o ato de especificar – e, na canção, a emissão de voz tonificada ao extremo. Ou seja, as denominações genéricas e intelectivas dos versos ganham, nesse formato, força de verdadeira proclamação *punk*, cantada numa só nota (para que não haja nenhum indício de inflexão afetiva), em alto volume, com timbre esgarçado e com reforço de instrumentos

igualmente distorcidos que às vezes sustentam o ímpeto da emissão, às vezes aceleram o movimento musical, sempre levando a tonificação ao paroxismo. Na falta de outros procedimentos de sintaxe aspectual, há passagens em que o aumento revigorante se dá por simples *acumulação*. Assim, além da sequência recorrente da expressão "é o nome de", a certa altura, no auge do canto, o intérprete apenas enfileira os elementos denominantes ("algo, coisa, homem, isso, cara, fome, homem, osso, corpo, homem") e, tanto na imagem do livro como no clipe, as palavras escritas se sobrepõem umas às outras até se tornarem praticamente indistintas, numa textura bem mais plástica que linguística (Fig. 3). Dizemos, então, que a alta tonicidade produz nesse caso o aumento considerável, até excessivo, da extensidade: a força abarrota o campo das denominações. O resultado é a supressão de sentido verbal por excesso de *mais*, equivalente à dissipação do sentido vital por excesso de *menos*:

Em outros termos, podemos dizer que o enunciador acrescenta doses de *mais* sem restringir a quantidade de *menos* (os nomes seguem sem definições e sem adensamento sêmico), ou seja, não se liberta da atonia e da nulidade para ingressar na tonificação e na plenitude. Não há, portanto, *restabelecimento* gradativo anterior ao processo de *recrudescimento*. Em nenhum momento, por outro lado, ameniza-se a veemência do canto ou mesmo o ímpeto da acumulação vocabular para que se configure melhor a nulidade subjacente. Não se retira nada do *mais* para se atingir o *menos*. A presença do vazio e da *minimização* prescinde do processo de *atenuação*.

Essa operação nos dois polos da intensidade (recrudescimento e minimização), sem entrosamento com os intervalos aspectuais intermediários (restabelecimento e atenuação), define uma

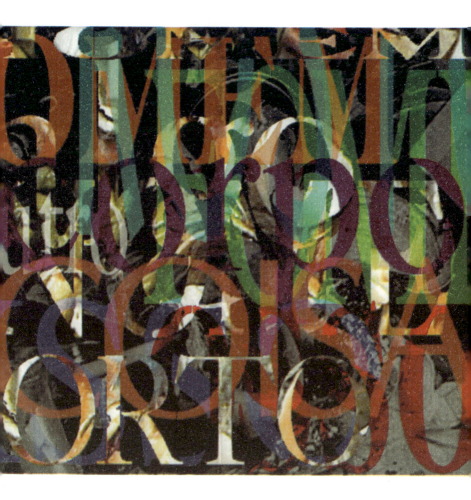

Figura 3. Ilustração do poema "Nome" extraída do livro homônimo

tomada de posição tensiva particular dessa obra que ecoará o tempo inteiro em seus níveis de manifestação: a atribuição dos nomes, por mais que se intensifique, não consegue deter a força dissipativa que afeta o mundo dos homens e das coisas. Afinal, sem contar com as passagens intermediárias do diagrama, que se organizam entre os campos B e C, de um lado, e E e F, de outro, as orientações, descendente e ascendente, se manifestam por seus pontos extremos e sob a égide de um andamento tensivo de alta velocidade: do nada ao tudo e do tudo ao nada, dispensando as fases iniciais e progressivas de ambos os lados e suprimindo, assim, as inversões de rota que costumam manter as intensidades – correspondentes às oscilações afetivas – em perpétuo movimento de aumento e diminuição.

Só mais e muito mais. Só menos e muito menos. Só acento e inacento. Nada de moderação ou passagens gradativas. O módulo "Nome", em seus três formatos, versa entre outras coisas sobre a diferença entre "valer" e "durar", algo já formulado no pensamento aforístico de Paul Valéry: "O mundo vale apenas pelos extremos e dura apenas pelos meios. Vale apenas pelos radicais e dura apenas pelos moderados"[8]. O enunciador aposta no primeiro verbo ("valer"), mas deixa uma crise tensiva: como será feita a continuidade? Se for aos saltos, valerá a pena? Sobrarão muitas lacunas? Se for aos poucos, durará infinitamente sem atingir a plenitude? São questões para a estética, mas também para a política, a filosofia, a história... tudo que faça sentido.

---

8. Paul Valéry, *Cahiers*, tome 2, p. 1368 (tradução nossa).

CONCLUSÃO

Como mencionamos no quarto capítulo, Claude Zilberberg não aceitava a ideia de que estava criando uma nova teoria. Para ele, o aparato conceitual que construiu ao longo de mais de três décadas resumia-se na proposta de um "ponto de vista tensivo" no interior da semiótica greimasiana, com a finalidade de dinamizar os seus fundamentos estruturais. Na última fase de sua produção, porém, admitiu haver formulado uma "gramática tensiva" que, como tal, merecia um glossário específico nos moldes concebidos no passado por Louis Hjelmslev e, mais amplamente, pelo próprio Greimas. Foram os seus tradutores – do Brasil, Peru e México – que adotaram, com anuência do autor, a expressão "semiótica tensiva" para figurar até mesmo como título geral de suas principais obras.

Os princípios tensivos revolveram de fato a semiótica concebida e organizada no famoso dicionário escrito em 1979 por Greimas e Courtés. Em vez do percurso gerativo da significação, conceito central que previa conversões de categorias abstratas sumárias em processos cada vez mais concretos e complexos de discursivização, o autor francês preferiu trabalhar com o desvendamento de formas pontuais pressupostas pelas grandezas que emergem no campo de presença demarcado pela análise. Libertou-se assim da monotonia teórica investida nos estratos do percurso gerativo (todas as descrições encaixadas no mesmo modelo). Preferiu ainda estabelecer como forma geral da teoria tensiva a dimensão da *intensidade*, cujas medidas afetivas expressas por oscilações de andamento e acentuação acabam gerando (ou regendo) o grau de abrangência adotado na sua dimensão complementar, a da *extensidade*.

Embora esse último conceito ("extensidade") não estivesse disponível na fase de construção da semiótica greimasiana, hoje podemos dizer que os principais achados da teoria foram assentados sobre esse eixo. Zilberberg já apontava nos anos 1980 a força de propagação, o ímpeto fórico, das noções que fundamentavam o modelo geral de Greimas:

> [...] a "inércia" (relativa, evidentemente) do binarismo pôde ser superada e a tensão entre o caráter "contemplativo" do nome e o caráter "fórico" do verbo acabou por se inscrever no princípio do processo semiótico[1].

Embora já discernisse a tensão existente entre as dimensões concentrada e expandida do sentido, o autor francês, na esteira de Hjelmslev, destacava naquele momento a tendência fórica, ou verbalizante, da teoria. Todas as conceituações dirigiam-se dos componentes parciais ao texto integral. A apreensão opositiva, herdada do binarismo praguense e inserida por Greimas na es-

---

1. Claude Zilberberg, *Razão e Poética do Sentido*, p. 97.

CONCLUSÃO

trutura elementar da significação, sempre foi compensada pela simultânea apreensão participativa (herança dinamarquesa), que, ao contrário, enfatizava o que havia de semelhante entre os termos polares. Na primeira apreensão, configurava-se uma célula paradigmática, enquanto, na segunda, a integração sintagmática peculiar ao discurso como um todo. No caso do quadrado semiótico, se a relação de contrariedade também "fechava" uma estrutura de oposição extrema, a relação de contraditoriedade (vida → não-vida, por exemplo) "abria" o universo de discurso para tudo que pudesse ocorrer entre os dois limites. Além disso, se era possível, pela oposição simples, identificarmos os traços pertinentes que dão identidade às grandezas, pela iteração dos mesmos traços à distância, chegávamos ao conceito de isotopia, ou seja, à expansão da pertinência que torna o texto coerente do ponto de vista semântico. Portanto, o "Greimas de Zilberberg" sempre caminhou pela extensidade, partindo de categorias locais e atingindo formulações globais. O ponto culminante dessa tendência foi o que instituiu a narrativa como uma gramática capaz de abarcar o sentido em toda a sua plenitude.

Essa visão de Greimas, formulada pelo ângulo tensivo, tem por base as categorias intensas e extensas que respaldaram uma das principais propostas da glossemática. Como dissemos algumas vezes ao longo deste trabalho, Hjelmslev deu o que pensar quando propôs um isomorfismo metalinguístico entre, de um lado, os conceitos de acento (no plano da expressão) e substantivo (no plano do conteúdo), ambos definidos como categorias intensas (locais), e, de outro, os conceitos de modulação (no plano da expressão) e verbo (no plano do conteúdo), ambos tratados como categorias extensas (com alcance global no texto). Mas, pode-se ver claramente, que acento, nessa perspectiva, é bem mais uma tendência à concentração que um dispositivo de intensidade. As categorias intensas e extensas de Hjelmslev, correspondentes a elementos locais e globais, também pertencem ao que a semiótica tensiva define hoje como eixo da extensidade. Por outro lado, Zilberberg sempre considerou que, para o linguista dinamarquês, quanto mais extensa a categoria, mais profunda a sua atuação sobre o sentido sintagmático geral. Afinal, estabelecida a direção fórica do texto como um todo, torna-se mais fácil definir as funções pontuais e o destino global das categorias intensas. Nesses termos, numa fase em que ainda não estava bem configurado o eixo da intensidade, acreditava-se que a difusão regeria a concentração, ambas no eixo da extensidade:

> Parece-nos que, do ponto de vista epistemológico, a extensividade [hoje, extensidade] deva ter seu lugar na profundidade: uma estrutura dita profunda é simplesmente mais extensa que outra. O processo é fórico, dinâmico, ou seja, tende à maior extensão possível[2].

Uma década depois, ao organizar a teoria que fundou definitivamente a sua gramática tensiva, o semioticista francês reformula o esquema da regência tensiva, caracterizando a intensidade (andamento + tonicidade) como dimensão pressuposta, mais profunda, e, portanto, em condições de reger as variações da extensidade:

> Entre as categorias hjelmslevianas e as categorias tensivas, surge um quiasmo, já que as categorias extensas são diretoras para Hjelmslev, quando, na perspectiva tensiva, a intensidade, ou seja, a afetividade, rege a extensidade[3].

---

2. Claude Zilberberg, "Relativité du rythme", p. 41 (tradução nossa).
3. Claude Zilberberg, *Elementos de Semiótica Tensiva*, p. 18.

CONCLUSÃO

Na realidade, Zilberberg percorreu a trajetória sugerida no subtítulo da obra escrita por Greimas e Fontanille[4], num momento em que a semiótica passara a considerar os conteúdos subjetivos como objetos legítimos de sua investigação sobre o sentido: "dos estados de coisas aos estados de alma". Mais que isso, imbuído do projeto de gramaticalização dos conceitos tensivos, o autor de *Razão de Poética do Sentido* caracterizou esse percurso como passagem do termo pressuponente (estados de coisas) ao termo pressuposto (estados de alma), o que equivale a dizer que este último "rege" o primeiro.

Se a semiótica de Greimas admitiu a incorporação das paixões e dos sentimentos em seu campo de estudo, a semiótica de Zilberberg estabeleceu esses mesmos "estados de alma" como medidas subjetivas de intensidade, cuja principal função é justamente determinar os graus de abrangência (mais concentrados ou mais difusos) considerados no plano da extensidade ou nos "estados de coisas". Em outras palavras, no enfoque tensivo, ganha prioridade o conteúdo acentuado pelo enunciador, seja numa dimensão concentrada ou expandida. Trata-se, portanto, de uma acepção particular de acento, inspirada em Cassirer, que prevê, além da concentração hjelmsleviana, sempre vinculada aos elementos de influência local ("intensos"), a ideia de força enunciativa, ou ênfase, para indicar relevância ou impacto na esfera afetiva. Unindo afetividade e intensidade numa instância de pressuposição gramatical ou, simplesmente, numa instância mais profunda, Zilberberg trouxe para o centro do seu modelo teórico a presença das quantificações (ou medidas) subjetivas, as mesmas que aplicamos cotidianamente em nossas apreciações dos con-

---

4. Algirdas Julien Greimas e Jacques Fontanille, *Semiótica das Paixões*...

teúdos e que nos permitem hierarquizá-los como *mais* ou *menos* importantes.

Podemos dizer que essa acepção de intensidade foi uma das principais contribuições do modelo tensivo à semiótica e que, de fato, a epistemologia dessa ciência, em seus primórdios, não podia sequer considerar a possibilidade de incluir aspectos emocionais e afetivos em seu quadro teórico, uma vez que lhe pareciam incompatíveis com a objetividade exigida por uma verdadeira "pesquisa de método"[5]. Tratamos disso nos primeiros capítulos deste volume.

Outra contribuição de relevo vinda da pena de Zilberberg é sua persistente proposta de prosodização do conteúdo. Intimamente ligada à inclusão da intensidade no modelo semiótico, essa proposta se serve mais uma vez do plano da expressão para compreender os aumentos dos ímpetos discursivos em direção ao acento principal (prótase) dos enunciados em foco e as diminuições desse vigor em direção ao inacento (apódose). As curvas melódicas, ascendentes e descendentes, que acompanham esses dois movimentos discursivos transformaram-se em modelo para a reflexão do semioticista sobre o plano do conteúdo. Assim como podemos inserir um número indefinido de enunciados (com seus contornos melódicos) intermediários até atingirmos o ápice ou a base de ambos os procedimentos, podemos igualmente incrementar doses de *mais* ou de *menos* em qualquer etapa das sucessões progressivas ou degressivas propostas no campo da intensidade (+ ou − veemência, velocidade) ou da extensidade (+ ou − difusão, mistura). Quando reconhecemos esses movimentos de elevação e declínio, típicos das curvas entoativas, a descrever nossos impulsos

---

[5]. Algirdas Julien Greimas, *Semântica Estrutural*.

CONCLUSÃO

afetivos ou nossas deliberações racionais, estamos atribuindo ao plano do conteúdo uma cadência inerente ao plano da expressão. Dizemos, então, que estamos prosodizando a semiótica.

Foi tentando entender o que controla a música do discurso oral – suas direções, seus andamentos, seus acentos e sua energia – que Zilberberg chegou a uma outra dimensão (desconhecida até agora) do conceito de prosódia ou, mais especificamente, à ideia de "prosodizar" o conteúdo com a mesma "música" que articula os acentos e as modulações do plano da expressão. Trata-se, em termos mais técnicos, de prosodizar as instâncias sintáxicas e morfológicas que geram o sentido em todas as linguagens. Talvez tenha sido a primeira vez que a prosódia ganhou *status* epistemológico no âmbito de uma teoria. Esse foi o tema geral examinado nos capítulos 3, 4, 5 e 6.

Já de posse dos recursos característicos da semiótica tensiva, passamos em revista o funcionamento básico da linguagem verbal e o pensamento literariamente científico do narrador no conto "O Espelho", de Guimarães Rosa (capítulos 7 e 8, respectivamente). Por fim, mergulhamos novamente na prosodização, só que agora num plano bem mais concreto e corriqueiro, no qual melodias encontram-se com letras e formam outra linguagem que conhecemos como canção (capítulos 9, 10 e 11). Mesmo que tenha tido por algum tempo existência apenas musical, a linha melódica, assim que recebe a letra, passa a gerar concomitantemente valores prosódicos, uma vez que suas curvas transformam-se também em modos de dizer o texto verbal.

Declaramos algumas vezes neste volume (e em outros trabalhos) que a dimensão prosódica segue sendo um dos principais segredos da canção. Para quem acompanhou a trajetória de Zilberberg rumo ao que há de razoado e poético na construção do sentido, dificilmente deixaria de admitir que existe também uma (outra) dimensão prosódica regendo a teoria semiótica e que, pelo menos até o momento, constitui o seu segredo epistemológico.

REFERÊNCIAS BIBLIOGRÁFICAS

ANDRADE, Mário de. *Poesias Completas.* São Paulo, Martins; Brasília, INL. 1972 [1922].
ANTUNES, Arnaldo. *Nome.* São Paulo, BMG, 1993.
BOTEZELLI, J. C. Pelão e PEREIRA, Arley. *A Música Brasileira deste Século por seus Autores e Intérpretes – 3.* São Paulo, Sesc, 2000.
BRELET, Gisèle. *Le temps musical: essai d'une esthétique nouvelle de la musique.* Paris, PUF, 1949, 2 vols.
BYRNE, David. *Como Funciona a Música.* Barueri, Amarilys, 2014 [2012].
CASSIRER, Ernst. *A Filosofia das Formas Simbólicas II.* São Paulo, Martins Fontes, 2004 [1925].
_____. *Linguagem e Mito.* 4. ed., São Paulo, Perspectiva, 2017 [1925].
CASTRO, Ruy. *A Noite do Meu Bem.* São Paulo, Companhia das Letras, 2015.
CHEDIAK, Almir (org.). *Songbook – Chico Buarque – 4.* Rio de Janeiro, Lumiar Editora, 1999.
DELEUZE, Gilles. *Diferença e Repetição.* 2ª Ed. Rio de Janeiro, Graal, 2006 [1968].
FONTANILLE, Jacques e ZILBERBERG, Claude. *Tensão e Significação.* São Paulo, Humanitas, 2001 [1998].
GIONO, Jean. *Un roi sans divertissement.* Paris, Gallimard, 1948.

GREIMAS, Algirdas Julien. *Semântica Estrutural*. São Paulo, Cultrix, 1973 [1966].
_____. *Sobre o Sentido*. Petrópolis, Vozes, 1975 [1970].
_____. *Sémiotique et sciences sociales*. Paris, Seuil, 1976.
_____. (org.). *Ensaios de Semiótica Poética*. São Paulo, Cultrix, 1976 [1972].
_____. "Conversation". *Versus, Quaderni di Studi Semiotici* n. 43 (Louis Hjelmslev – Linguistica e Semiotica Estrutturale). Milano, Bompiani, gennaio-aprile, 1986.
_____. *Da Imperfeição*. São Paulo, Hacker Editores, 2002 [1987].
GREIMAS, Algirdas Julien e COURTÉS, Joseph. *Dicionário de Semiótica*. São Paulo, Contexto, 2008 [1979].
_____. *Sémiotique: dictionnaire raisonné de la théorie du langage*. Paris, Hachette, vol. 2, 1986.
GREIMAS, Algirdas Julien e FONTANILLE, Jacques. *Semiótica das Paixões: Dos Estados de Coisas aos Estados de Alma*. São Paulo, Ática, 1993 [1991].
HJELMSLEV, Louis. *La Categoría de los Casos: Estudio de Gramática General*. Madrid, Gredos, 1978 [1935].
_____. *Le langage*. Paris, Minuit, 1966 [1963].
_____. *Prolegômenos a uma Teoria da Linguagem*. São Paulo, Perspectiva, 1975 [1943].
_____. *Ensaios Linguísticos*. São Paulo, Perspectiva, 1991 [1971].
JAKOBSON, Roman. *Essais de linguistique générale* – 1. Paris, Minuit, 1963.
JOTA, Zélio dos Santos. *Dicionário de Linguística*. Rio de Janeiro, Presença, 1976.
LOPES, Edward. "Paixões no Espelho: Sujeito e Objeto como Investimentos Passionais Primordiais". CRUZEIRO *Semiótico* ("Semiótica das Paixões"), Porto, Associação Portuguesa de Semiótica, 1989-1990.
_____. *Prenúncios e Vestígios*. Cotia (SP), Ateliê Editorial, 2014.
LORENZ, Gunter W. "Diálogo com João Guimarães Rosa". *Exposição do Novo Livro Alemão*. Tradução de Jehovanira Fuchtner e Chrysóstomo de Sousa. Frankfurt: Ausstellungs-und Messe-GmbH des Borsenvereins des Deutschen-Buchhandels, 1971.
MACHADO, José Pedro. *Dicionário Etimológico da Língua Portuguesa*, 2. ed., Lisboa, Editorial Confluência e Livros Horizonte, 1967, vol. III.

REFERÊNCIAS BIBLIOGRÁFICAS

MORAES, Vinicius. *O Melhor de Vinicius de Moraes*. São Paulo, Folha / Companhia das Letras, 1994.
PALUMBO, Patrícia. *Vozes do Brasil-1*. São Paulo, DBA Artes Gráficas, 2002.
_____. *Vozes do Brasil-2*. São Paulo, DBA Artes Gráficas, 2007.
RODRIGUES, Sérgio. "O Paradoxo do Moleque". *Folha de S. Paulo*, 21.6.2018.
ROSA, João Guimarães. *Primeiras Estórias*. Rio de Janeiro, José Olympio, 1968.
SAUSSURE, Ferdinand. *Curso de Linguística Geral*. São Paulo, Cultrix, 1971 [1916].
SIQUEIRA JÚNIOR, Carlos Leoni Rodrigues. *Letra, Música e Outras Conversas*. Rio de Janeiro, Gryphus, 1995.
SOARES, Maria Thereza Mello. *São Ismael do Estácio: O Sambista que Foi Rei*. Rio de Janeiro, Funarte, 1985.
TASCA, Norma e ZILBERBERG, Claude. "Entretient avec A. J. Greimas". CRUZEIRO *Semiótico*. Porto, Associação Portuguesa de Semiótica, 1988.
TATIT, Luiz. *O Século da Canção*. Cotia (SP), Ateliê Editorial, 2004.
_____. *Semiótica à Luz de Guimarães Rosa*. Cotia (SP), Ateliê Editorial, 2010.
_____. *Estimar Canções: Estimativas Íntimas na Formação do Sentido*. Cotia (SP), Ateliê Editorial, 2016.
VALÉRY, Paul. *Variedades*. São Paulo, Iluminuras, 1991 [1939].
_____. *Cahiers*, tome 1. Paris, Gallimard, 1973 (coll. La Pléiade).
_____. *Cahiers*, tome 2. Paris, Gallimard, 1974 (coll. La Pléiade).
VIANNA, Hermano. *O Mistério do Samba*. Rio de Janeiro, Jorge Zahar / Editora UFRJ, 1995.
WEINSCHELBAUM, Violeta. *Estação Brasil – Conversas com Músicos Brasileiros*. São Paulo, Editora 34, 2006.
ZÉ, Tom. *Tropicalista Lenta Luta*. São Paulo, Publifolha, 2003.
ZILBERBERG, Claude. "Retour à Saussure?" *Actes sémiotiques* – Documents, VII, n. 63, 1985.
_____. "Relativité du rythme". *Protée: Théories et pratiques Sémiotiques*. vol. 18, n. 1. Département des Arts et Lettres de l'Université du Quebec, Chicontimi, 1990a.

_____. "Pour une poétique de l'attention". In: BERRENDONNER, Alain & PARRET, Herman. L'Interaction communicative. Berne, P. Lang, 1990b (Actes du colloque de Bellagio de février 1988).

_____. "Défense et illustration de l'intensité". In: FONTANILLE, Jacques (org.). La quantité et ses modulations qualitatives. Limoges, Amsterdam e Philadelphia, Pulim e Benjamins, 1992.

_____. "Description de la description". In: RASMUSSEN, M. Louis Hjelmslev et la sémiotique. Travaux du Cercle Linguistique de Copenhague, 24, 1993.

_____. Plaidoyer pour le tempo. In: FONTANILLE, Jacques. Le Devenir. Limoges, Pulim, 1995.

_____. "Signification et prosodie dans la dialectique de la durée de G. Bachelard". In: SAUVANET, Pierre & WUNENBURGER, Jean-Jacques (orgs.). Rythmes et philosophie. Paris, Éditions Kimé, 1996.

_____. "La dynamique du vers selon Mallarmé". In: GAILLIARD, Michel (coord.). Champs du Signe. Toulouse: EUS (Editions Universitaires du Sud), 1999.

_____. "Esquisse d'une grammaire du sublime chez Longin". Langages, n. 137. Paris, Larousse, 2000.

_____. "De l'affect à la valeur". In: CASTELLANA, Marcello (org.). Texte et Valeur. Paris, L'Harmattan, 2001.

_____. "As Condições Semióticas da Mestiçagem". In: CAÑIZAL, Eduardo Peñuela & CAETANO, Kati Eliana. Olhar à Deriva: Mídia, Significação e Cultura. São Paulo, Annablume, 2004 [2001].

_____. Razão e Poética do Sentido. São Paulo, Edusp, 2006 [1988].

_____. "Síntese da Gramática Tensiva". Significação: Revista Brasileira de Semiótica. São Paulo, AnnaBlume, 2006 [2002].

_____. Elementos de Semiótica Tensiva. Cotia (SP), Ateliê Editorial, 2011 [2006].

_____. Louvando o Acontecimento. Galáxia: Revista Transdisciplinar de Comunicação, Semiótica, Cultura – 13. São Paulo, Educ, 2007.

_____. Des formes de vie aux valeurs. Paris, PUF, 2011.

_____. La structure tensive. Liège, Presses Universitaires de Liège, 2012.

_____. "Condition de la négation". Actes sémiotiques [on ligne], 116, 2013. Disponible sur: <http://epublications.unilim.fr/revues/as/2586>

SOBRE O AUTOR

Luiz Tatit é professor titular do Departamento de Linguística da FFLCH-USP e compositor de canções. Entre seus principais livros estão *O Cancionista: Composição de Canções no Brasil*, *O Século da Canção*, *Elos de Melodia e Letra* (em colaboração com Ivã Carlos Lopes), *Semiótica à Luz de Guimarães Rosa*, *Todos Entoam: Ensaios, Conversas e Lembranças* e *Estimar Canções: Estimativas Íntimas na Formação do Sentido*. Em sua atividade musical, destacam-se os álbuns-solo *Felicidade*, *O Meio*, *Ouvidos Uni-vos*, *Rodopio*, *Sem Destino* e *Palavras e Sonhos*. Em colaboração com Zé Miguel Wisnik e Arthur Nestrovski, lançou o álbum *O Fim da Canção*. Em colaboração com Arrigo Barnabé e Lívia Nestrovski, o álbum *De Nada Mais a Algo Além*. Em colaboração com o grupo Rumo lançou seis discos nos anos 1980 e, recentemente (2019), o álbum *Universo*.

Título	Passos da Semiótica Tensiva
Autor	Luiz Tatit
Editor	Plinio Martins Filho
Produção editorial	Aline Sato
Capa	Freepik.com (imagem)
	Camyle Cosentino (projeto)
Revisão	Plinio Martins Filho
Editoração eletrônica	Camyle Cosentino
Formato	14 × 21 cm
Tipologia	Minion
Papel	Cartão Supremo 250 g/m² (capa)
	Chambril Avena 80 g/m² (miolo)
Número de páginas	256
Impressão e acabamento	Graphium